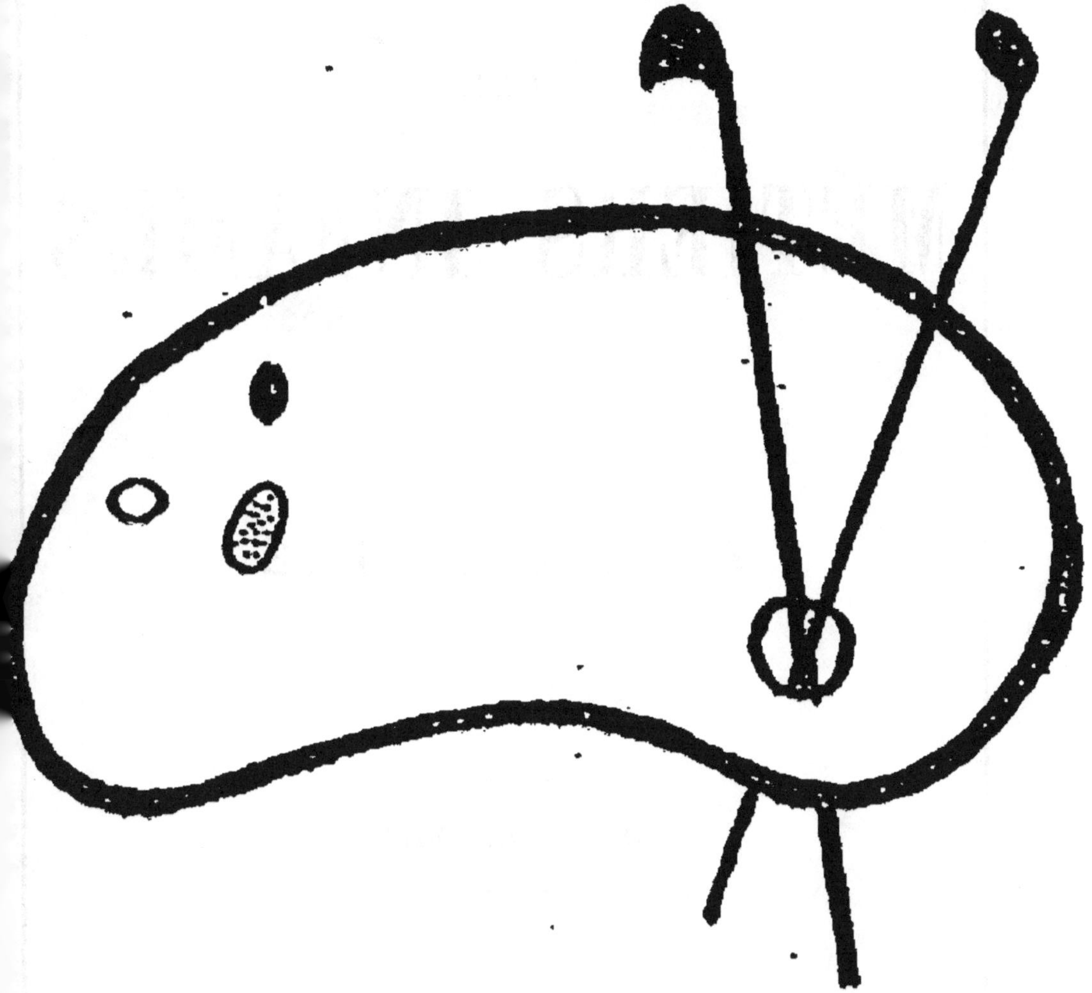

COUVERTURE SUPERIEURE ET INFERIEURE EN COULEUR

LES
MÉTIERS INFAMES

PAR

A. DE LAMOTHE

QUATRIÈME ÉDITION

PARIS
LIBRAIRIE DE CH. BLÉRIOT, ÉDITEUR
55, QUAI DES GRANDS-AUGUSTINS, 55

LIBRAIRIE DE CH. BLÉRIOT

A. DE LAMOTHE

Les Camisards, suivis des Cadets de la Croix. 3 vol. in-18 jésus illustrés . . . . 6 »
Les Faucheurs de la Mort. 2 vol. in-18 jésus illustrés . . . . 4 »
Les Martyrs de la Sibérie. 4 vol. in-18 jésus illustrés . . . . 8 »
Marpha. 2 vol. in-18 jésus. . 4 »
Histoire d'une pipe. 2 vol. in-18 jésus illustrés . . . . 4 »
Les Soirées de Constantinople. 1 vol. in-18 jésus. 2 50
Histoire populaire de la Prusse. 1 vol. in-18 . . . . 1 50
Les Mystères de Machecoul. 1 v. in-18 jésus. . . . . 2 »
Le Gaillard d'arrière de la Galatée. 1 vol. in-18 jésus . . 2 »
Légendes de tous pays. Les animaux. 1 vol. in-18 jésus, orné de 100 gravures. . . . . . . 3 »
Mémoires d'un déporté à la Guyane française. 1 volume in-18. . . . . » 60
L'Orpheline de Jaumont, roman national. 1 fort v. in-18 jésus. 3 »
Le Taureau des Vosges, roman national. 1 fort v. in-18 jésus. 2 50
Aventures d'un Alsacien prisonnier en Allemagne, roman national. 1 fort vol. in-18 jésus. 2 »
Journal de l'orpheline de Jaumont, par MARIE-MARGUERITE, publié par A. DE LAMOTHE. 1 vol. in-18 jésus. 1 50
L'Auberge de la Mort, roman national. 1 vol. in-18 jésus. 2 50
La Reine des brumes et l'Émeraude des mers, impressions de voyages en Angleterre et en Irlande. 1 vol. in-18 jésus . . . 3 »
Les Métiers infâmes (les Chasseurs de cadavres, — les Ramasseurs d'ordures, — Vieux Habits, vieux Galons, — le Musée des défroqués, — les Gratteurs de pourceaux, — les Pétroleurs, — les Faiseuses d'anges et les Faiseurs de démons, — les Mendiants de popularité, etc.). 1 beau vol. in-18 jésus. . . . . . . 3 »

A. DE LAMOTHE (Suite)

Le Roi de la nuit. 2 vol. in-18 jésus. . . . . 5 »
Les Compagnons du désespoir. 3 vol. in-18 jésus. . . . . 6 »
La Fille du bandit, scènes et mœurs de l'Espagne contemporaine. 1 vol. grand in-8 illustré de 500 gravures, broché. . . . . 10 »
Les Faucheurs de la Mort, édit. illustrée, grand in-8, broché. 4 50
Les Deux Romes. 1 volume in-18 jésus. . . . . 3 »
Pia la San Piétrina. 2 vol. in-18 jésus . . . . 5 »

RAOUL DE NAVERY

Les Idoles. 1 vol. in-18 jésus . 3 »
Les Drames de la misère. 2 vol. in-18 jésus. . . . . 6 »
Patira, 5e édition. 1 vol. in-12. 3 »
Le Trésor de l'abbaye. 1 vol. in-18 jésus . . . . 3 »
Le Pardon du moine. 1 vol. in-18 jésus . . . . 3 »
Les Chevaliers de l'Écritoire. 1 vol. in-18 jésus. . . . . 3 »
Zacharie le maître d'école. 1 v. in-12. . . . . 2 »
Les Parias de Paris. 2 vol. 6 »

ÉTIENNE MARCEL

Triomphes de femmes. 1 volume in-12. . . . . 3 »

CHARLES DESLYS

La Balle d'Iéna. 1 vol. in-12. 2 »

MARIE MARÉCHAL

Béatrix, 2e édition. 1 vol. . . 3 »
Une Institution à Berlin. 1 vol. in-12. . . . . 3 »
Le Parrain d'Antoinette. 1 vol. in-12. . . . . 3 »
La Pupille d'Hilarion. 1 volume in-12. . . . . 3 »

Sceaux. — Imp. M. et P.-E. Charaire.

LES
MÉTIERS
INFAMES

Paris. — Imp. de E. Donnaud, rue Cassette, 9

LES
MÉTIERS
INFAMES

PAR

A. DE LAMOTHE

QUATRIÈME ÉDITION

PARIS

CH. BLÉRIOT, LIBRAIRE-ÉDITEUR

Directeur de l'*Ouvrier* et de la *Gazette des Campagnes*

55, QUAI DES GRANDS-AUGUSTINS, 55

1877

LES
MÉTIERS INFAMES

LES PÉTROLEURS

Détestables gens, mauvais métier.

Ce n'est pas payé ce que ça vaut. Si j'en étais, je me mettrais en grève, là, carrément ! ni plus ni moins que les cochers de fiacre de Paris, les ouvriers du Creuzot et les policemen de Londres.

De çà, de là, quelques pièces de trente sous et une blouse blanche, afin de se déguiser en ouvrier pour aller casser les réverbères, ou s'écorcher la gorge à hurler la Marseillaise, Mourir pour la Patrie, et autres chants soi-disant patriotiques ; est-ce un salaire cela ?

Il est vrai qu'avant chaque manifestation le chef de claque paye une tournée sur le comptoir du marchand de vin, et qu'après deux ou trois émeutes la blouse prêtée devient la propriété du masque, si une balle ne l'a pas auparavant jeté bas, mort ou blessé, dans la fange du ruisseau, ou si, ramassé par la police, il ne moisit pas dans une prison.

Un mauvais morceau de toile et un franc cinquante de monnaie, un verre de petit b u par ici, par là un perroquet d'aventure auquel on tord le cou sur le zinc, voilà-t-il pas une belle compensation aux tracasseries des sergents de ville et de ces canailles de gendarmes, assez mal appris pour venir troubler le peuple souverain dans l'exercice de ses droits imprescriptibles.

Misère et corde ! penser que ces scélérats de l'infâme pouvoir sont nourris, logés, éclairés, chauffés, payés aux frais de l'État, qu'après trente ans de service ils ont droit à une pension, et qu'un honnête pétroleur, eût-il été colonel des fédérés, n'a jamais pour horizon qu'un ponton, le bagne, ou la Nouvelle-Calédonie.

Mille brûlements de Louvre ! il y a de quoi refroidir le zèle des citoyens les mieux pensants.

Si du moins le métier était facile ! Mais point, je vous l'affirme. Il n'est pas aussi aisé qu'on pourrait le croire de marcher sur la corde raide du vice, entre la cour d'assises et la police correctionnelle; un pas un peu risqué, à droite ou à gauche, vous a bien vite fait perdre l'équilibre ; et paf, vous mettez le pied dans le Code, le premier gendarme venu vous ramasse, et alors ?

LES PÉTROLEURS.

Lorsqu'on en est quitte pour six mois ou un an on peut se frotter les mains ; messieurs les juges (quand donc les changera-t-on ?) sont des êtres sans entrailles.

Mieux vaudrait presque travailler honnêtement, si ces deux mots, travail et honnêteté, ne répugnaient pas autant à des citoyens vraiment purs.

Quant aux emplois, il n'y a pas à y penser dans une société tellement absurde que pour se faire donner une place, il faut d'abord prouver qu'on est capable de la remplir.

Quelle stupidité ! Ils étaient bien incapables, parfaitement incapables, les intègres citoyens qui, au 4 septembre, se sont emparés des ministères, des préfectures, des sous-préfectures, etc., etc., etc. ; et cependant ils ont émargé aussi bien que d'autres et même beaucoup mieux, s'il faut en croire le bruit public.

Où donc est la nécessité de passer des examens, d'affronter des concours, de remplir toutes ces formalités minutieuses dont le suffrage universel a si victorieusement prouvé qu'il n'y a pas à tenir compte, et qu'en république radicale, la nullité radicale est la seule condition exigible pour arriver à toutes les fonctions ?

Demandez plutôt au mécanicien Assi, devenu membre du gouvernement de la Commune, uniquement parce qu'il sortait du bagne ; à Gaillard père, passé de plain-pied de son échoppe de savetier au grade de colonel du génie, à cette multitude d'avocats.... mais chut ! il y en a encore, dit-on, aux postes qu'ils se sont donnés avec tant de désintéressement patriotique ; demandez encore à ce phénomène de nullité qui s'appelait Jules Vallès et qui se créa ministre de l'instruction publique ; à ce Rigault, honteux débauché, qui se fit préfet de police ; à tous ces déclassés véreux, qui ont promené par toute la France, là où les Prussiens n'étaient pas, leurs grands sabres de fer-blanc, leurs képis à trente-sept galons, leurs vestes rouges ou leurs habits brodés.

Oh ! le beau temps, que celui ou tout patriote coiffé d'un bonnet rouge pouvait gagner, à son citoyen ministre, une préfecture au bézigue ou un brevet de colonel en vingt-cinq carambolages.

Ça s'est vu pourtant, et la grosse moitié des électeurs du citoyen Léon espère bien que ça se reverra.

C'était si commode de s'enrichir dans l'armée pétrolarde, où entrait qui voulait ; car là il y avait place pour tous, pour le vieillard flétri par le vice, comme pour l'enfant né de l'inconduite et déjà perverti, pour l'ouvrier paresseux comme pour le jeune débauché, pour la mégère vieillie dans le crime et digne fille des tricoteuses de 93, comme pour la femme perdue et la jeune fille dressée à la débauche.

Là, il y avait des armes pour tous, des fusils et des canons, des bombes incendiaires, des sabres, des poignards, des révolvers et du pétrole, beaucoup de pétrole, de pinceaux et d'allumettes, pour tuer et incendier, pour faire de Paris d'abord, de toute la France ensuite, une mer de sang bouillant sous une mer de feu.

Là, plus de brevet de capacité, encore moins d'examens, surtout pas de certificat de moralité ; un document de cette nature, attestant évidemment des tendances réactionnaires, aurait suffi pour faire envoyer son possesseur à Mazas ou à la Roquette.

Seulement, à titre de recommandation, chaque candidat était libre d'apporter son casier judiciaire, un bon petit dossier, dont les plus modestes contenaient une demi-douzaine de condamnations pour vol ou pour vagabondage.

Chaque année de réclusion comptait double comme une campagne ; avec les travaux forcés à temps, on pouvait prétendre à une pension civique ; un forçat à perpétuité était de droit ministre de la justice ou préfet de police.

Pour être gendarme, il suffisait d'avoir été et de continuer à être voleur.

Le Comité de salut public nommait les échappées de Saint-Lazare inspectrices des mœurs ; on les chargeait de l'instruction laïque obligatoire dans les écoles, d'où le maire Mottu, qui ne s'était pas encore déclaré en faillite, avait fait arracher les images du Christ et de la Vierge.

Dans les salles d'asile, au lieu de lait que sa couleur blanche avait fait rejeter comme une alimentation impure, les honnêtes sœurs de Sainte-Marianne remplissaient les biberons avec du vin rouge additionné d'alcool.

Tout ivrogne, tout fainéant, tout débauché, tout poltron braillard avait, d'après l'article 1ᵉʳ du Code des communards, droit à un képi, une vareuse et un chassepot avec sa baïonnette.

Mais pour éviter l'usure de ces armes fournies par la nation, il devait jurer de ne s'en servir que contre les Français, jamais contre les Prussiens.

On appelait cela l'armée du dedans. Pendant que les monarchistes se faisaient tuer devant les murs pour défendre la capitale, la mission de cette armée était de l'assassiner au dedans.

Dans les rangs de ce corps d'élite, où les galons étaient encore moins nombreux que les bandits, il fallait qu'un forçat en rupture de ban eût bien du malheur pour ne pas arriver, par l'élection, au moins au grade de lieutenant.

Malgré leur amour de l'égalité, les pétroleurs ont en effet le respect de la hiérarchie fondée sur les services rendus à la société, et il leur eût été pénible de voir un simple escroc au niveau d'un voleur avec effraction, ou un voleur avec effraction au-dessus d'un assassin.

Beaucoup de lettres de noblesse pétrolarde avaient

été, sans doute par un sentiment exagéré de patriotisme, soustraites par leurs trop légitimes possesseurs aux casiers de la rue de Jérusalem, le jour où ils avaient pris possession des archives de la préfecture de police; eh bien ! malgré la disparition de ces glorieux documents, les électeurs surent presque toujours faire la part du vrai mérite.

Du reste, et c'est une justice à rendre aux incendiaires de Paris, aux renverseurs de la colonne, aux assassins des otages, il n'y en eut presque aucun parmi tous ces êtres immondes, vomis par les égouts aux jours de révolution, qui ne s'empressât de venir s'enrôler dans une armée où le service consistait à ne rien faire, crier beaucoup, boire encore plus, ne jamais se battre, piller chaque fois que l'occasion s'en présentait, échanger ses haillons contre de bons vêtements, ses souliers éculés contre des bottes neuves, et recevoir pour prix de son patriotisme trente sous par jour sur les fonds volés dans la caisse des imbéciles qui travaillaient, se battaient et payaient.

Ah ! qu'il était lucratif le métier, pendant l'agonie de la France, et quel bon exemple pour les frères de la nouvelle couche sociale, que le citoyen Assi traversant Paris dans un costume à faire pleurer de jalousie Mangin, le charlatan au casque doré ! Le pavé étincelait des vingt-quatre fers des six chevaux de luxe réquisitionnés, pour le service de l'ex-mécanicien, dans les écuries de l'ex-empereur ; son képi avait des rayonnements d'or, sa voiture le berçait mollement sur ses huit ressorts, ses mamelucks brodés et empanachés galopaient en soulevant des tourbillons de poussière, et lui, renversé sur ses moelleux coussins, fumait négligemment un délicieux cigare et daignait répondre de la main, avec une indolente fierté, aux vivats de la multitude.

Voilà pourtant un chef qui a été ce que nous sommes, disaient en se poussant du coude des évadés du bagne; il était il y a six mois notre camarade de boulet, pourquoi ne deviendrions-nous pas à notre tour ses camarades de voiture? il est temps que la nouvelle couche sociale arrive.

Et pendant que le cortége s'éloignait au milieu des acclamations, un autre cortége arrivait en sens contraire, cortége lugubre et sinistre, tourbe immonde de pâles voyous, traînant avec un bruit de ferraille de grands sabres résonnant sur les cailloux, de bandits déguisés en gendarmes, parade repoussante autant que grotesque, et qui eût fait rire avec mépris si entre ses rangs pressés on n'eût aperçu une voiture cellulaire, sorte de cage à épais barreaux, comme celles dans lesquelles on enferme les bêtes féroces.

« Mort à la prêtraille ! mort aux ennemis du peuple ! » rugissait la foule; et les deux forçats ricanaient en montrant le poing à des prêtres, à des religieuses, à des hommes d'État, à des missionnaires intrépides, à l'archevêque de Paris, que l'escorte traînait à Mazas et à la Roquette, pour y être massacrés.

Et cela était logique, car là où le vice mène à la fortune, aux honneurs, à la puissance, il faut que la vertu conduise à la prison, à la misère, à l'échafaud.

Oui, ce fut la belle époque des pétroleurs.

Cette époque, la France ne l'oubliera pas de longtemps; de longtemps ne se cicatrisera la plaie qui saigne encore aux flancs de notre patrie blessée à mort par ces infâmes.

Longtemps elle se souviendra de ce funeste essai d'avénement de la nouvelle couche sociale.

Heureusement pour elle, car elle en serait morte, ces jours d'abomination et de désolation ne furent pas de longue durée.

Ils ne pouvaient pas l'être. Dieu avait voulu punir la France, il ne voulait pas la tuer.

Il avait fallu une succession inouïe, une avalanche inattendue des plus effroyables malheurs, l'écroulement subit d'un trône, l'effondrement complet de la société tout entière, pour produire une agitation capable de fouetter la lie de la population assez fortement pour la changer en écume et la faire remonter à la surface.

Mais la lie retombe bien vite quand le calme commence à renaître, et les pétroleurs qu'une poussée irrésistible, comme celle qui chasse la lave d'un volcan, avait portés des bas-fonds où ils grouillent au pouvoir et à la fortune, ne tardèrent pas à redescendre à leur place accoutumée.

Ce ne fut cependant pas sans des rugissements de rage qu'ils laissèrent échapper de leurs griffes sanglantes l'opulente proie dont à peine il commençaient la curée.

Pour contraindre cette bande de tigres à lâcher prise, il fallut le secours d'une armée, et Paris eut à subir les horreurs d'un nouveau siége.

Contre la violence impie, il n'y a pas d'autre argument à employer que la force.

Heureusement les violents sont lâches.

Trop poltrons pour oser défendre le butin qu'ils avaient volé, trop divisés pour organiser la résistance, ils voulurent au moins se venger de leur défaite inévitable par l'assassinat d'innocentes victimes, l'incendie, les crimes les plus horribles.

A quoi bon répéter ici ce que tout le monde connaît, salir quelques pages par le récit de l'agonie convulsive de la Commune?

Une semblable histoire ne s'écrit qu'avec du sang sur de la boue.

Ceux qui en furent les funèbres héros, ou sont tombés sous les balles et les baïonnettes, ou vont au-delà des mers expier leurs forfaits dans des contrées sauvages, aux extrémités du monde; d'autres sont retournés au bagne où les attend leur ancienne chaîne et un nouveau bonnet rouge autre que celui qu'ils avaient rêvé; d'autres se cachent en tremblant; d'autres enfin, épargnés par la justice, grâce à leur obscurité, sont rentrés dans la boue au-dessus de laquelle, même pendant la Commune, ils n'avaient pas pu s'élever.

Bien peu d'épaves flottent encore à la suite de ce grand naufrage.

Mauvaises gens que les pétroleurs, détestables gens et détestable métier.

Si aujourd'hui nous en avons dit quelques mots, si nous avons remué cette fange, si nous avons évoqué ces funèbres souvenirs, pourquoi l'avons-nous fait?

Pourquoi ? Parce qu'à l'heure qu'il est il se rencontre des hommes qui, avant que cette lie infecte soit coagulée et devenue inerte, essayent déjà de la remuer avec leurs plumes, de la soulever par leurs discours; de ces hommes qui, cause première du massacre des otages, de la profanation des églises, de cette grande honte qui s'appelle le renversement de la colonne, de cette honte plus grande encore qui fut la guerre civile sous les yeux d'un ennemi triomphant; de ces hommes qui, complices cachés de l'incendie de Paris, de l'égorgement de vingt mille Français, de la déportation de plusieurs milliers de malheureux égarés par leurs doctrines, cherchent à reconstituer les éléments d'une seconde Commune.

Parce que pour arriver au pouvoir et s'y maintenir, ces nullités ambitieuses ont besoin des suffrages et des voix de ces mêmes pétroleurs qu'ils ont abandonnés à l'heure du danger et reniés après la défaite, eux qui les avaient poussés en avant.

Parce que ces demandeurs d'amnistie ne sont que des hypocrites qui, après s'être cachés pendant qu'on mitraillait leur armée demeurée sans chefs, sentent le besoin de se recruter une nouvelle armée.

Parce que, avant que la lave vomie par le volcan soit refroidie, ils entassent des matières combustibles au fond du cratère pour la faire bouillonner encore et provoquer une nouvelle éruption à la faveur de laquelle ils espèrent être portés plus haut encore que le point auquel ils s'accrochent.

Le métier de chef est lucratif dans les discordes civiles quand on a la triste habileté de se mettre en avant pour le pillage et en arrière pour le combat, quand on sait se poser en honnête homme et faire tourner à son profit les crimes d'une bande de scélérats.

C'est au nom de l'humanité qu'ils demandent grâce pour les vaincus, tandis qu'en réalité ils n'agissent que poussés par un effroyable égoïsme; c'est au nom de la liberté qu'ils soulèvent les passions et c'est à la dictature qu'ils aspirent de tous leurs vœux.

Qu'importe qu'il y ait des cadavres sur leur route, si ces cadavres peuvent leur servir d'escalier pour s'élever! qu'importe que la nation périsse pourvu qu'ils arrivent!

Une fois au pouvoir, ils essuieront aux tapis des ministères le sang qui souille leurs pieds, et se laveront les mains devant Israël en disant : Je suis innocent.

Dieu les gêne. Eh bien, plus de Dieu, plus de prêtres pour l'enseigner, plus de fidèles pour le servir.

La Raison, pour laquelle ils feignent de professer un culte enthousiaste, ne les gêne pas moins, et de tous leurs efforts ils cherchent à éteindre son flambeau par l'enseignement laïque, c'est-à-dire dans leur pensée par l'ignorance et l'athéisme obligatoires.

Le bon sens leur est un obstacle, et au nom de l'égalité, ces superbes tribuns qui ne rêvent que la hache et les faisceaux, réclament à grands cris le suffrage universel illimité, bien sûrs qu'ils sont d'avoir pour eux le vote de confiance des repris de justice et des aspirants au bagne.

L'ordre matériel fait obstacle à leurs desseins, et non contents de faire de la propagande à domicile avec leurs journaux tissus d'impostures et de calomnies, ils vont, colporteurs d'émeute, de ville en ville, de village en village, souffler la discorde, envenimer les haines, et, du haut d'une table de cabaret, déclamer devant un auditoire ramassé dans les bouges leurs boniments plus menteurs que ceux d'un pitre sur ses tréteaux.

Pour eux, tout est tribune à mensonge, tout, jusqu'au cercueil d'un parent, d'un collègue, d'un ami, d'un père peut-être, et cyniquement courageux parce que la loi ne frappe pas cette odieuse profanation, ils osent nier Dieu au bord d'une fosse ouverte entre mille fosses que surmonte la croix.

La discipline les épouvante, et sous main ils lâchent contre l'armée leurs aboyeurs pour la harceler par leurs insultes, et leurs missionnaires aux mielleuses paroles pour la corrompre.

A la place des misérables qu'ils ont fait tuer ou déporter, il faut bien qu'ils se procurent d'autres souleveurs de pavés, d'autres pillards, d'autres assassins, en un mot, d'autres électeurs prêts à descendre dans la rue et s'y faire tuer à leur tour, toujours pour leur profit.

Lorsqu'on veut arriver à tout prix et que, pour réfréner une ambition qui n'a pas même pour elle l'excuse du talent ou seulement de la capacité, on n'a ni conscience ni honneur, on n'hésite pas à prendre l'unique moyen qui présente quelque chance.

Ce moyen est ignoble, c'est vrai; mais ceux qui s'en servent, que sont-ils donc?

En l'employant, ils ne font que prendre l'arme qui convient le mieux à leur main.

Ils font appel à la canaille.

Il y a longtemps que le proverbe l'a dit :

Qui se ressemble s'assemble.

Ils flattent ses mauvais instincts, ou feignent de

prendre son parti, lui font les seules promesses qui puissent avoir prise sur elle, lui promettent de l'or.

L'or ne procure-t-il pas toutes les jouissances : le vin, l'oisiveté, le luxe grossier, la débauche et ses orgies.

Et la canaille, toujours facile à tromper, descend dans les rues, entraînant après elle les esprits faibles et indécis; elle brise les vitres, bouscule les agents de police, pille les magasins, donne et reçoit des coups, travaille en conscience pour monsieur le tartufe démocratique qui ce jour-là est parti pour la campagne ou même pour Saint-Sébastien.

Là, pendant que ses dupes se battent, il attend en soignant ses melons ou se promenant sur la plage la fin des troubles que, suivant les circonstances, il appellera émeute causée par quelques scélérats qu'on ne saurait châtier trop sévèrement, ou glorieuse révolution à laquelle il daignera prêter son appui en s'emparant du ministère des finances si ce n'est de la dictature.

Pauvres imbéciles qui vous êtes fait casser les bras et les jambes pour son profit, qui avez brûlé l'atelier qui vous nourrissait, qui avez paralysé l'industrie et fait cacher les capitaux : allez donc demander au citoyen dictateur votre récompense.

Le jour de votre triomphe qu'il a fait le sien, il apparaîtra sur le balcon, vous décernera le titre aussi sonore que creux de peuple sublime, et vous fera dresser une colonne de bronze sur laquelle on gravera en lettres d'or le nom des martyrs morts pour la liberté.

Allez porter cela à votre ménagère et vous verrez combien votre ordinaire s'en trouvera amélioré.

Si vous n'êtes pas satisfaits, il vous promettra même, par commisération, une place dans les caveaux du Panthéon, et puis...

Puis, comme en 1830, il formera des bataillons de la charte où chaque soldat aura grade d'officier, et vous enverra avec vos épaulettes neuves vous promener en Afrique, pour y être, en débarquant, incorporés dans les compagnies de discipline.

Ou, comme en 1848, il vous fera mitrailler au nom de l'ordre par des mobiles dont il trouvera bien moyen de se défaire ensuite.

Ou, comme en 1852, il vous expédiera franco à Nouka-Hiva.

Ou, comme en 1872, il vous fera reconduire de brigade en brigade jusqu'à la frontière, s'il ne vous fait pas transporter en Océanie.

Oh! oui, je le répète, bien mauvaises gens que les pétroleurs, mais aussi bien mauvais métier.

LES RAMASSEUX D'ORDURES

A la bonne heure, voilà un métier qui, s'il est infect, ne demande ni instruction, ni intelligence, ni savoir-vivre, un vrai métier à la portée de la canaille, et dans lequel celui qui l'exerce trouve à la fois à manger, à boire, et à se faire un nom... parmi les siens.

Je ne dirai pas qu'il déshonore; déshonorer signifie faire perdre l'honneur, et l'honneur n'a jamais eu rien de commun avec la classe de citoyens dont je parle.

Du reste, au contraire de certains métiers qui ne salissent qu'au physique, celui-ci ne souille qu'au moral, et exige au dehors une propreté relative.

Un chiffonnier qui, sa hotte sur le dos et son crochet à la main, va ramassant, de borne en borne, des loques immondes et des débris sans nom; un balayeur des rues, amoncelant dans sa charrette la boue et les immondices pour en débarrasser la voie publique, tout en étant le plus souvent des ouvriers aussi honnêtes qu'honorables, ne peuvent, on le comprend, briller par une exquise propreté.

Leurs vêtements et leurs mains sont sales, mais leur âme est propre, et sous la boue qui les couvre, il se trouve souvent de l'or pur.

Pour le boueur moral, c'est tout l'opposé : l'enveloppe est parfaitement nette, la pourriture c'est lui.

Quelquefois, quand il pose en incorruptible, il affiche bien une négligence extrême dans sa mise, surtout en province, où il se pavane devant les frères et amis; mais habituellement il ne se montre que ciré, cravaté, frisé, bagues aux doigts, lorgnon à l'œil, gilet en cœur, bottines cambrées, col brisé, cheveux partagés sur le front, favoris exubérants.

Une vraie gravure de mode découpée dans le journal des tailleurs.

Souvent il porte à sa boutonnière la rosette d'un ordre étranger, des Saints Maurice et Lazare ou d'Isabelle-la-Catholique, par exemple. Il a payé cet ornement bon marché : une insulte à Pie IX ou une basse flagornerie à l'illustre Serrano.

La honte est sa monnaie courante : il en vit, il s'en habille; pourquoi ne s'en parerait-il pas?

Le ramasseux d'ordures ne fait rien à demi.

Bien loin de se cacher, il se montre, il s'affiche. Sa vie est une exhibition perpétuelle de sa personne, au théâtre, à la promenade, aux concerts, à toutes les fêtes, à table d'hôte où il s'assied au haut bout, au café où il barre l'entrée de la porte pour être mieux en vue.

Il ne serait pas impossible qu'on l'eût aperçu même à l'église, ou dans un wagon de pèlerins se rendant à Lourdes ou à la Salette.

Du reste, il parle à qui veut l'entendre de son ami Léon, de ce fier jeune homme qui se lave dans une cuvette cassée; de son camarade Chanzy, et de Bismarck, avec lequel il est en froid pour lui avoir dit son fait au moment de la signature de la paix. En ce moment, il revient de Trouville, où il a refusé une préfecture importante, parce qu'il préfère son indépendance à des honneurs qu'il n'acceptera que lorsque le gouvernement sera carrément entré dans la voie qu'il s'est donné la peine de lui tracer.

Ce monsieur a tant d'aplomb et débite avec une telle impertinence ses sottises, son ignorance est si dogmatique, son ton si cassant, qu'il se trouve des badauds assez niais pour le prendre au sérieux et qui se demandent, en se creusant la tête, quel rôle il peut bien jouer dans la société.

Eh ! mon Dieu, voulez-vous que je vous le dise ?

C'est un reporter, c'est-à-dire un monsieur qui quête et rapporte pour son maître, ni plus ni moins que votre chien.

Seulement, comme il y a chien et chien, il y a reporter et reporter.

Les reporters des grands journaux, des journaux sérieux, sont souvent des hommes distingués, instruits, consciencieux ; et dans cette catégorie n'entre pas qui veut.

Puis il y a la seconde classe, ouverte aux médiocrités, aux chiffonniers de la presse, qui chaque soir viennent verser aux bureaux de la rédaction leur hottée de faits divers, chroniques de théâtre, accidents de la rue, cérémonies religieuses, déraillements de chemins de fer, bruits de bourse, échos du concile Guizot ou du congrès de l'Internationale, deux sociétés de la paix à coups de poing, rumeurs de la rue et du palais, cancans et commérages.

Cette *olla podrida* laisse bien quelque peu à désirer, et les rédacteurs n'ont pas toujours la main heureuse en recousant ces guenilles disparates pour en remplir leur troisième page ; mais même dans cette catégorie les reporters ont encore un certain respect d'eux-mêmes et de leurs lecteurs.

La troisième classe est bien autre chose : celle-là est celle des nullités, des déclassés, de tous ces êtres malfaisants et vicieux qui grouillent dans les bas-fonds de la société et qui, incapables de s'élever par leur propre valeur, cherchent à tout ravaler à leur niveau.

Ces gredins de première eau appartiennent tous ou presque tous au radicalisme; ils en sont la meute pourvoyeuse, et quoique chacun d'eux porte sur son collier le nom d'un maître particulier, ils n'en sont pas moins embrigadés par et pour la Révolution, en l'honneur de laquelle ils travaillent avec un ensemble et une ardeur qui prouvent combien ils sont admirablement dressés pour la chasse aux ordures.

Par vocation, ils sont chiens d'égouts.

Si l'un d'eux flaire un scandale, toute la troupe se rue dans la fange, s'y plonge, s'y ébat avec volupté; ils sont là dans leur élément. Mais les scandales ne se trouvent pas tous les jours; dans ce cas, le devoir des bons ramasseux est d'en inventer.

S'ils rentraient bredouilles au chenil de la rédaction, ils seraient battus, pis que cela, ils seraient chassés.

Battus, passe encore; ces gens-là emboursent aussi facilement un démenti jeté à la face qu'un coup de pied adressé ailleurs, ils en ont tellement l'habitude; mais chassés! c'est différent.

Alors plus de café, plus d'absinthe, peut-être même plus de pain, car ces frères des ouvriers, c'est le nom qu'ils ont l'impudence de se donner, sont incapables d'exercer un métier quelconque.

Mais aussi quelle ardeur ! avec quelle adresse ils découpent une anecdote graveleuse pour en avoir chacun sa part ! quelle habileté dans l'art de multiplier un par un pour en faire dix ! quelle perfidie dans les « on dit, le bruit court, il se pourrait, il n'y a plus à en douter ! »

Ah ! surtout, que les prêtres, les religieuses, les frères des Écoles chrétiennes prennent garde à eux ! c'est à eux avant tout qu'en veut la meute, eux qu'elle surveille, eux qu'elle poursuit, eux qu'elle mord à belles dents.

Si le scandale est flagrant, s'il s'agit d'un Pantaléo quittant sa robe de moine pour arborer la chemise rouge de cette lèpre dont la France a eu tant à souffrir et qu'on appelait l'armée de Garibaldi ; d'un Junqua traînant de tribunaux en tribunaux son ignominie tapageuse ; d'un Loyson envoyant *urbi* et *orbi* la lettre de faire part de son mariage avec son ex-pénitente, et se raccrochant des pieds et des mains à la robe blanche de l'Église pour y faire tache, le reporter, bien loin de blâmer, ne tarit pas d'éloges, la louange coule de sa plume, et c'est d'une couronne de fleurs qu'il encadre ces hontes pour en faire un piége grossier aux infirmes de la popularité à tout prix.

Ici la chute est trop profonde pour qu'il craigne de

voir se relever la victime, et s'il lui prodigue son encens, ce n'est que pour la clouer plus solidement à la boue dans laquelle il l'a trouvée.

Mais si la faute est légère, s'il n'y a eu qu'une imprudence grossie par les calomnies d'un prétendu témoin, ce témoin fût-il convaincu de mensonge et d'immoralité, oh! alors, avec quelle ardeur la meute entière donne de la voix! Les reporters du crayon se joignent aux reporters de la plume : moqueries, feintes douleurs, récits perfides, plaisanteries obscènes, caricatures ignobles, rien n'est épargné, et chaque journal lie de vin remplit pendant un mois de suite ses colonnes de ces tartines infectes, dont le bouquet a tant de charme pour le palais blasé des citoyens lecteurs du *Siècle*, du *Rappel*, ou de ces feuilles immondes qui ne peuvent vivre que dans l'ordure et par l'ordure.

Malheureusement, tout s'épuise; si bien que le jésuite, servi à tant de sauces et si souvent réchauffées, finit par paraître fastidieux au plus intrépide prêtrophobe.

Ce jour-là est un jour triste pour les reporters qui se faisaient des loisirs en exécutant des variantes sur le même morceau.

Chaque rédacteur rappelle ses chiens et fait claquer son fouet : Allons! en quête, fainéants, nous n'avons plus de gibier.

Et voilà la troupe trottant, courant, flairant toutes

les mauvaises odeurs jusqu'à ce qu'enfin un bon basset donne de la voix pour avertir ses camarades que là, au bord d'un chemin, il vient de découvrir une charogne en putréfaction, dans laquelle chacun pourra donner son coup de dent et se gorger de pourriture à loisir.

Triste métier, en vérité, que celui de ramasseux d'ordures.

Triste métier, mais encore plus tristes gens.

LES

MENDIANTS DE POPULARITÉ

Ils sont nombreux à l'époque où nous vivons, les mendiants de popularité, nombreux et éhontés.

Triste race que ces singes de la rue qui, oubliant leur dignité d'homme, s'abaissent au métier de paillasses pour mériter par leurs grimaces les applaudissements du carrefour, qui publient dans les journaux qu'ils n'ont pas fait baptiser leur fils, ou qu'ils ont mangé de la charcuterie un vendredi saint, pour se faire admirer par les idiots ou les ivrognes.

Si encore cela suffisait pour devenir une célébrité ! Mais non, la radicanaille n'est pas tendre pour ses histrions, elle passe devant eux en haussant les épaules, ou bien elle leur tend le bâton du mandat impératif et crie :

Saute pour la réforme !

Et il faut sauter.

Saute pour la Commune !

Et il faut sauter.

Saute pour l'instruction laïque obligatoire !

Et il faut sauter encore, et sauter toujours, jusqu'à ce que la foule hurle : Bravo, paillasse ! bravo, saute toujours, fais-nous rire ! encore une grimace, allons, mieux que cela ou nous te jetons au rebut.

Hip ! hip ! ronge un os le vendredi saint.

Hip ! hip ! va enfouir dans un trou le fils que tu aimais tant et auquel, pour nous plaire, tu as refusé les consolations de la religion qu'il te demandait à mains jointes sur son lit de mort.

Hip ! hip ! lâche ambitieux.

Hip ! hip ! postulant de la honte.

Oh ! il en coûte cher pour devenir le héros de la canaille, il faut avoir les reins souples et la conscience aux talons.

Et puis cela ne dure pas longtemps ; on s'endort célèbre, on se réveille oublié : la foule fait cercle autour d'un nouveau Quasimodo, et de tant d'efforts il ne reste rien au pitre de la veille, rien qu'un lourd stock de bassesses laissées pour compte.

Ceci n'est pas de l'histoire d'hier ; on riait au théâtre d'Athènes des mésaventures des sycophantes, comme on rit chez nous du Rabagas de Monaco.

Du mépris et des railleries, voilà ce qu'au bout de

leurs efforts recueillaient ces flatteurs des portefaix du Pirée, une couche sociale qui votait en inscrivant les noms de ses créatures sur des écailles d'huîtres, symbole frappant de l'intelligence politique du peuple le plus spirituel du monde ancien.

La Grèce n'existe plus que dans les livres classiques, mais la France l'a remplacée, et depuis que de par le suffrage universel la nouvelle couche sociale est devenue une puissance, les parasites ont pullulé d'une manière effrayante.

A l'heure qu'il est, le phylloxera radical sévit sur tous les points de la république provisoire.

Partout il n'est question que d'insectes affamés voyageant, le suçoir en avant, et pompant avec une avidité que rien ne rebute, n'importe quels sucs.

La qualité n'est pas ce dont ils se préoccupent, c'est la quantité qu'il leur faut pour se remplir.

Nous ne sommes plus au temps où les suffrages se pesaient, aujourd'hui ils se comptent.

Les mendiants de popularité le savent bien ; aussi est-ce surtout aux coquins qu'ils s'adressent de préférence, ainsi qu'aux ignorants et aux imbéciles dont, les livres saints l'ont dit, le nombre est infini.

Méchanceté ou bêtise, voilà ce qu'ils s'efforcent de réunir pour se former une majorité, la seule majorité sur laquelle ils puissent compter.

Cet amalgame c'est ce qu'ils appellent le peuple, leur peuple à eux, bien entendu.

C'est à cette majorité factice, qui n'a d'autre cohésion que la glu d'une vanité stupide ou d'une dépravation soigneusement entretenue, que les porte-besace de la popularité adressent leurs grossières flatteries, prodiguent leurs caresses intéressées. C'est pour s'attirer sa bienveillance qu'ils lui lèchent les mains et au besoin les pieds, qu'ils se font humbles, doucereux, câlins, qu'ils lui grattent doucement la tête en répétant sur tous les tons :

Chère canaille, un petit vote s'il te plaît.

Autrefois les malingreux de la Cour des Miracles, ces faux estropiés et ces faux épileptiques, qui pour stimuler la compassion exhibaient aux porches des églises ou sur les places publiques toute leur fausse monnaie d'ulcères postiches et de plaies dégoûtantes, se contentaient d'exploiter les villes de compagnie avec les coupeurs de bourses, les tire-laine et autres chevaliers de la potence.

La police leur assignait un quartier d'où ils ne pouvaient pas sortir, et ils opéraient dans un rayon restreint.

Mais aujourd'hui ce n'est plus cela, le siècle est en progrès et les malingreux du bonnet rouge vont de ville en ville, de village en village, colportant leurs improvisations apprises par cœur, tout leur assortiment de mensonges ressassés, de déclamations à grand orchestre, de patriotisme menteur, et de belles promesses que le jour où ils seront arrivés au pouvoir ils se proposent bien de changer en ruades à l'adresse de leurs naïfs électeurs.

Mais pour le moment ils sont tout sucre et tout miel, confits en républicanisme pur; les infirmités physiques étant sans effet pour leur concilier le genre de commisération qu'ils implorent, ils étalent pompeusement leurs infirmités morales, athéisme, libre pensée, solidarité et le reste, battant la grosse caisse ou s'essoufflant dans une trompette criarde pour faire le plus de bruit possible autour de leurs personnalités aussi obscures que voyageuses.

Et dire qu'ils font tout ce tapage dans des départements où sur des poteaux plantés à chaque carrefour on lit en gros caractères :

ICI LA MENDICITÉ EST INTERDITE.

Interdite ! mais à qui donc?

A de pauvres vieillards qui, après une vie usée dans le travail, tendent aux passants une main défaillante, incapable de soulever la bêche ou le marteau.

A de malheureuses mères, hâves, tremblant la fièvre et serrant contre leur sein tari des enfants à demi morts de faim et de froid.

A des orphelins abandonnés de tous et qui osent à peine implorer du regard la pitié publique.

A ceux qui souffrent véritablement et sans bruit,

qui blottis à la porte d'une église y attendent sans murmurer le morceau de pain qui, seul, peut les empêcher de mourir d'inanition.

À tous ceux-ci elle est interdite sous peine de prison.

Pourquoi ce qui est défendu aux uns est-il permis aux autres?

Sous le règne de l'égalité, y aurait-il encore une aristocratie même dans la mendicité?

Où donc est-il écrit dans le Code :

Nul ne pourra mendier s'il n'est riche ou tout au moins avocat?

Serait-ce parce que les vrais pauvres demandent une pièce de monnaie et les autres un vote?

Comme si tout le monde ne savait pas que ce vote n'est, dix-neuf fois sur vingt, qu'un assignat déguisé, et que celui qui l'implore du haut d'une table de cabaret n'a d'autre but que de se faire ou se refaire une fortune, au moyen d'une place ou d'un emploi quelconque.

Serait-ce parce que ces besogneux ventrus, au teint fleuri, au verbe insolent et solennel, qui prennent le haut du pavé, ou du haut de leurs fiacres à la journée éclaboussent les honnêtes gens, prétendent n'aller à leurs clubs que pour éclairer les masses, faire connaître au peuple ses droits, hâter le progrès de la civilisation?

Mais qui ces mauvaises excuses trompent-elles?

Autant vaudrait que l'aveugle qui sur le Pont-Neuf joue de la clarinette, pendant que son caniche, une sébile entre les dents, monte la garde auprès de lui, prétextât qu'il n'écorche les oreilles des passants que pour répandre dans les masses le goût musical.

Sa clarinette comme leurs conférences, leurs conférences comme sa clarinette sont un prétexte à mendicité et pas autre chose.

Si cependant la police, par un scrupule peu logique, ne veut pas classer parmi les mendiants les commis voyageurs de la libre pensée, pourquoi ne leur imposerait-elle pas une patente de même qu'aux autres saltimbanques?

Comment, saltimbanques? Eh! oui, c'est bien cela, écoutez plutôt.

Quand un escamoteur se propose de se rendre dans une ville ou dans un village pour y faire recette, son premier soin est de faire annoncer sa venue par des réclames insérées dans les journaux, de louer et de faire préparer, avec l'autorisation de Monsieur le maire, pour la représentation, une salle dans un théâtre, un café ou même un cabaret; ensuite, s'il veut obtenir un vrai triomphe il se procure un certain nombre de claqueurs pour applaudir à tout rompre et chauffer l'enthousiasme, quelques compères pour faciliter ses tours de passe-passe, et si toutes ses mesures sont bien prises, il fait salle comble et double recette.

Le tout est de bien annoncer la séance.

Quand un orateur démagogique, un de ces honnêtes citoyens qui jonglent avec les phrases comme avec des muscades, se propose de se rendre dans une ville, Grenoble, par exemple, ou dans un village comme serait Velleron, la petite capitale des enfouisseurs solidaires, pour y faire recette, son premier soin est de faire annoncer sa venue par des réclames insérées dans les journaux écarlates, et de faire préparer avec l'autorisation de Monsieur le maire (cela ne suffit pas toujours), pour la représentation, une salle dans un théâtre, un café ou même un cabaret; ensuite, s'il veut obtenir un vrai triomphe il se procure un certain nombre de claqueurs gagés parmi les frères et amis (ils ne sont pas chers), pour applaudir à tout rompre et chauffer l'enthousiasme, quelques compères (son état-major) pour faciliter ses tours de passe-passe, et si toutes ses mesures sont bien prises, si surtout au charme d'un discours dissolutioniste il joint les douceurs d'un banquet égalitaire, il fait salle comble et double recette.

Même profession, même procédé.

La seule différence consiste dans la nature des muscades.

Si les mendiants de popularité n'étaient que mendiants, ils ne feraient pas leurs frais; mais ils sont en même temps jongleurs.

Pour réussir, le cumul de deux professions est indispensable; aussi cherchez, examinez et vous verrez qu'elles sont toujours réunies et que la chasse au vote est la reine des chasses à la pipée.

Depuis longtemps vous connaissiez sans doute les pauvres honteux; j'espère que désormais vous connaîtrez les honteux mendiants. Si les premiers sont dignes de toute notre pitié, les seconds n'ont droit qu'à tout notre mépris.

Cela ne les empêchera pas de continuer leurs vagabondages oratoires.

Quoi d'étonnant?

Ils ne connaissent plus la honte, ils l'ont toute bue.

Allons, allons! paillasse, reprends tes exercices, ton peuple t'attend au cabaret.

Hip! hip! pour l'instruction laïque.

Hip! hip! pour la dissolution de l'Assemblée.

Hip! hip! pour l'amnistie des pétroleurs.

Saute, paillasse! la canaille t'applaudit et votera pour toi; qui donc pourrait mieux la représenter?

Personne assurément.

LES

GRATTEURS DE POURCEAUX

Il y a quelques mois, dans le Valais, je fus témoin d'une scène devant laquelle se serait pâmé d'aise le gros Courbet, le peintre réaliste et déboulonneur, auquel la France doit quelques mauvais tableaux de plus et une glorieuse colonne de moins.

C'était au bas d'une côte pelée, sur les bords d'une mare fangeuse; trois crétins goîtreux, à têtes énormes, entouraient un porc obèse, couché tout près du chemin. Le plus ingambe de ces nains difformes et hébétés, descendu dans la mare, y puisait à pleines mains de la vase gluante et verdâtre, en remplissait son chapeau à larges bords et la passait ensuite à ses compagnons, dont l'un engluait le porc de cet enduit aussi repoussant à la vue qu'à l'odorat, tandis que l'autre, se servant de ses doigts crochus comme d'un peigne, grattait doucement l'épine dorsale du stupide et sale animal.

« Le porc se laissait faire avec volupté, fermait complétement ses petits yeux enfoncés dans un épais bourrelet de graisse, et répondait par des grognements reconnaissants aux délicates attentions de ses bons amis.

« Quelle écœurante occupation ! dis-je à mon camarade de voyage et excellent ami, le docteur Philosophus.

— Bah ! fit celui-ci avec le sourire narquois qui lui est particulier, ce spectacle est-il donc si nouveau pour vous que vous n'y soyez pas encore habitué ?

— Et où voulez-vous que je me sois habitué à voir des gratteurs de pourceaux ?

— Un peu partout, mon cher ami, mais surtout en France, où, par le temps qui court, ce métier est à la fois très-commun et très-lucratif.

— Cela, un métier commun ?

— On ne peut pas plus commun.

— Vous voulez rire ?

— J'aurais, ma foi, plutôt envie de pleurer, je vous affirme. »

Et comme je continuais à ne pas comprendre :

« Dites-moi, je vous prie, continua-t-il, avez-vous parcouru les derniers états de recensement de la population de Paris ?

— Pas plus tard que ce matin dans mon journal.
— Combien y a-t-il de libres-penseurs?
— Dix mille.
— Et des gens qui, ne pensant rien du tout, se font gloire de ne croire à rien, de n'avoir aucune religion?
— Huit mille...
— Ce qui fait, n'est-il pas vrai, un total de dix-huit mille?
— Parfaitement.
— Donc, d'après les chiffres officiels, voici dix-huit mille bipèdes qui, n'ayant aucune religion, n'obéissent à aucune loi morale, puisque sans Dieu il n'y a pas de morale, et ne s'occupent que de leur ventre.
— C'est encore vrai.
— Ces bipèdes n'apparaissent pas pour la première fois sur la terre : Horace, un poëte latin du siècle d'Auguste, connaissait leurs ancêtres et nous a fait connaître le nom qu'ils portaient à cette époque : *Epicuri de grege porci.*
— Les porcs du troupeau d'Épicure.
— Vous voyez que le nom est presque aussi ancien que la chose. Je pourrais m'arrêter là, mais je tiens à poursuivre mes interrogations.
— Pensez-vous que ces êtres dégradés, n'ayant ni religion ni morale, aient au moins une patrie?

— La Commune est là pour nous prouver qu'ils n'ont pas plus de patrie que de Dieu.

— Et de famille?

— Pas davantage, puisqu'ils s'en débarrassent le plus qu'ils peuvent, qu'ils réclament le divorce et prétendent que la légitimité des enfants est une injustice criante, contraire à ce code dégoûtant qu'ils appellent la loi naturelle.

— N'êtes-vous pas persuadé, et certes les preuves ne vous en ont pas manqué pendant cette sacrilége orgie qu'on appela la Commune, que la plupart de ces citoyens sont poussés par leur instinct vers l'ordure et que la fange a pour eux un attrait irrésistible?

— Je ne puis le nier.

— Enfin, ne voyez-vous pas fréquemment qu'après avoir vécu comme des animaux, ils se font gloire de mourir comme des animaux, et demandent en grâce d'être, après décès, enfouis dans un pourrissoir, n'importe où il se trouve, soit à Paris, soit à Lyon?

— C'est encore malheureusement vrai.

— Bien; voici donc d'abord un beau troupeau de pourceaux tout trouvé. Et quand je dis pourceaux en parlant de ces êtres-là, franchement, ce n'est pas aux bipèdes que je crois manquer de respect, mais bien à l'animal auquel je les compare.

Enfin, n'importe, le porc à quatre pieds est au fond bonne créature, et j'espère qu'il me pardonnera mon irrévérence. Reste maintenant à trouver les gratteurs.

— Ce sera plus difficile.

— Plus difficile! s'écria Philosophus, mais vous êtes donc aveugle!

— Pas même borgne, comme... »

Il ne me laissa pas achever.

« Les gratteurs de pourceaux! mais vous en rencontrez à chaque pas, reprit-il; les gratteurs de pourceaux, ce sont les flatteurs du peuple.

— Vous êtes peu poli pour le peuple.

— Et voilà ce que c'est que de lire trop souvent les feuilles démocratiques qui n'appellent peuple que la canaille. Entendons-nous, personne plus que moi n'aime et ne respecte le vrai peuple, le peuple qui travaille et qui prie; ce peuple qui, courbé toute la semaine sur la charrue dans les campagnes, vient, le dimanche, austère et recueilli, s'agenouiller sur les dalles de pierre d'une église antique et prier Dieu de faire fructifier ses efforts; ce peuple qui ensemence la terre et plante la vigne; ce peuple dont le labeur incessant permet à la France de payer une rançon triplée par la lâcheté et l'ineptie de l'autre peuple, du peuple canaille. J'honore aussi le peuple ouvrier, qui use ses forces dans les ateliers, son intelligence dans l'industrie, pour nourrir et élever sa famille; qui n'ignore pas qu'au delà de la tombe il est une autre vie; qui, avec le peuple des campagnes, sait verser au profit de sa patrie ses sueurs et son sang.

« Ce peuple-là, les gratteurs de pourceaux le haïssent, et s'ils lui font des avances, c'est pour le ravaler à l'état d'abjection dans lequel ils tiennent la canaille.

« Ils savent qu'il n'y a rien à faire avec des hommes dignes de ce nom; de là parfois leurs imprudentes colères, les insultes dont ils poursuivent les *stupides paysans*, et ces soldats devant lesquels ils tremblent et contre lesquels ils vomissent de loin des insultes dignes de ceux qui les profèrent.

« Mais pour la canaille, au contraire, pour le peuple à eux, pour ce peuple qui ne croit pas, qui ne prie pas, qui ne travaille pas, qui ne se bat pas; pour ce ramassis d'athées, d'ivrognes, de sales débauchés, de brutes immondes, qui furent la Commune, pour les voleurs et les repris de justice en rupture de ban, pour ces fainéants, ces aboyeurs d'insultes contre Dieu qui ne les punit pas sur l'heure, la religion qui leur pardonne et la force qui les méprise, pour tous ces candidats au bagne et à la déportation, quelles basses et continuelles flagorneries; comme ils se prosternent devant eux, avec quel respect affecté ils leur brûlent sous les narines leur encens grossier! Écoutez-les : « Peuple, tu es grand, tu es sublime, tu es fort; peuple, nous sommes tes esclaves !

« Tu aimes l'ordure, peuple : tiens, avale ce roman, déguste cette tartine de haut goût, je te l'ai choisie bien faisandée avant de te l'offrir; j'y ai ajouté des épices dans cette colonne de mon journal; fais goûter à ta fille de ce feuilleton licencieux, cette lecture la rendra peu à peu digne de toi.

« Préfères-tu la boue, en voici une hottée; c'est pour toi que j'ai ramassé ces scandales au coin des bornes, je te les ai mâchés pour t'en rendre la trituration plus facile. Couche-toi, mon bijou, cuve ton vin à l'aise, laisse-moi te bien engluer, te boucher les yeux avec ces immondices : tu es si intelligent, si rusé, si fort, que tu n'as pas à craindre de surprise; dors, et si je monte sur ton corps pour m'élever, tiens-toi tranquille, c'est dans ton intérêt, pour voir de plus loin les dangers qui pourraient te menacer pendant ton sommeil.

« Qui donc t'a dit que tu as une âme? Quelque gredin de prêtre, conspirant contre ton repos. Dors paisible, j'écarterai de toi ces grosses mouches noires qui ne savent que t'importuner. Je ne suis pas le premier venu, et j'ai droit à ta confiance; je suis ouvrier comme toi, ouvrier de la pensée, il est vrai, mais je n'en suis pas moins un travailleur de la démocratie ! »

« Voilà comment ils parlent dans leurs livres, dans leurs journaux, à la tribune, dans les clubs, dans les cabarets.

« Avocats sans cause, publicistes sans public, ambitieux sans talent et sans courage, immense volée de nullités, d'incapacités, de vanités inassouvies, d'orgueils démesurés, de cupidités besogneuses, de haines accumulées, représentants de tous les vices, auxquels il faut un esclave pour se hisser sur ses épaules.

« Et dans le seul but d'avoir cet esclave docile, ces gens-là brassent et pétrissent l'ordure afin d'obtenir les grognements approbatifs de leurs porcs jusqu'au jour où, une révolution éclatant, ils prendront le fouet pour éveiller leur immonde troupeau et le pousser à cet abattoir qu'on appelle les barricades.

« Que leur importe si le sang coule par torrent, puisque ce ne sera pas le leur?

« Mais en attendant ce jour funeste, où peut-être ils trouveront encore quelque peu d'or à ramasser dans les décombres fumants et ensanglantés, ils se seront faits un nom et une position ; ils auront été chefs de parti ; ils auront acquis une notoriété qui leur permettra de gagner des centaines de mille francs en vendant des livres misérables écrits dans l'exil, ou des brochures infâmes colportées en contrebande ; si leur peuple a la victoire, ils s'adjugeront ministères et préfectures, honneurs et grasses sinécures ; et pour panser des blessures reçues à leur seul profit, ils lui jetteront, non plus quelques poignées de monnaie comme un souverain au jour de son sacre, mais quelques phrases creuses, telles que celle-ci, aumône faite à la populace par le grand Victor Hugo :

« Le Panthéon se demande comment il fera pour recevoir sous sa voûte ce peuple qui va avoir droit à son dôme ! »

« Pauvre peuple, quelle poignée de glands ! !

« Que la digestion t'en soit légère ! Et voilà, mon cher ami, comment, avec un peu d'industrie, un bon gratteur de pourceaux peut se faire non pas dix, mais cent mille francs de rente. Dites, après cela, que ce métier ne vaut pas mieux que celui des éleveurs de lapins ! »

LES FAISEUSES D'ANGES

ET

LES FAISEURS DE DÉMONS

Il y a deux ou trois ans à peine, presque coup sur coup, dans le Midi, à Valence et à Marseille, la police arrêta un certain nombre de femmes qui, pour s'approprier l'argent des mois de nourrice, étouffaient les enfants nouveau-nés que des mères trop souvent coupables leur confiaient pour les faire nourrir secrètement.

D'abord il n'y avait eu contre ces complaisantes placeuses d'enfants que de vagues rumeurs.

Des nourrissons avaient disparu, mais les mères qui les pleuraient avaient la bouche fermée par la conscience de leur faute et la crainte de la voir divulguer dans le public.

Ces rumeurs prirent cependant peu à peu de la

consistance, et des fouilles pratiquées dans le repaire d'une de ces femmes dénaturées amena la découverte de sept ou huit petits cadavres enfouis çà et là, dans le jardin, les caves, sous les marches de l'escalier, n'importe où.

Il faut si peu de place pour loger le corps d'un enfant !

Oui, bien peu de place, en vérité, à moins que ce ne soit dans certains enfouissements solidaires où, pour l'honneur de la libre pensée, on fabrique pour un enfant de huit mois un cercueil en bois de chêne de six pieds de long.

Simple histoire de jeter de la poudre aux yeux et de tromper le trop crédule public des incrédules.

Les accusées, se voyant découvertes, entrèrent dans la voie des aveux. Les détails qu'elles donnèrent furent horribles, si horribles de cynisme éhonté, que l'opinion publique s'en émut et que le procès des tueuses d'enfants prit le premier rang parmi les causes célèbres.

On l'appela le *procès des faiseuses d'anges*.

Les débats durèrent plusieurs séances et montrèrent une fois de plus que l'inconduite et le crime sont forcément complices.

Les misérables placeuses furent condamnées à achever dans les cachots une vie souillée par l'assassinat.

La conscience publique indignée applaudit à cet acte de justice, et aucune voix ne s'éleva pour les défendre.

Quelles avaient pourtant été les conséquences de ces assassinats?

Assurément le bonheur des innocentes victimes qui, vêtues de la robe sans tache, des ailes d'or aux épaules, le front couronné d'une auréole céleste, s'étaient envolées vers le ciel pour y chanter avec les anges, leurs frères, les louanges du Seigneur.

En croyant les tuer, ces femmes sans entrailles n'avaient fait que délivrer de leurs chaînes ces âmes emprisonnées dans un corps sujet à toutes les douleurs, ces âmes auxquelles la souillure de leur naissance interdisait par avance les joies de la famille, qui venaient au monde avec une flétrissure et pour qui l'horizon de la vie s'ouvrait sombre dès leur berceau.

Heureux enfants, avant que leurs pieds eussent touché le sable de l'arène dans laquelle ils devaient combattre le rude combat de la vie, et sur laquelle ils seraient si souvent tombés meurtris et ensanglantés, d'un seul élan ils avaient franchi toutes les douleurs, tous les dangers, tous les obstacles, leurs mains touchaient la palme de la victoire, et leur premier cri de douleur, commencé au seuil de la vie, s'achevait dans un cri de reconnaissance et d'amour au seuil de l'éternité.

Aux yeux des athées mêmes, leur sort n'était pas à plaindre : ces enfants, sortant du néant, étaient rentrés dans le néant sans avoir souffert ; il n'y avait donc pas à s'attendrir sur leur sort.

Et cependant catholiques et athées étaient unanimes pour dire que ces femmes étaient des monstres dignes du dernier supplice.

Et en effet, c'était un métier infâme que celui des faiseuses d'anges.

Mais à côté de ce métier, il en est encore un plus coupable et plus infâme, et ce métier, c'est celui de **FAISEURS DE DÉMONS.**

Car si la faiseuse d'anges assassine les corps,

Le faiseur de démons assassine les âmes.

Le mobile de l'un comme de l'autre, c'est la même cupidité effrénée.

Le mode d'assassinat seul diffère.

Mais combien les conséquences sont plus graves pour les victimes de l'assassinat moral que pour celles de l'assassinat physique !

Le premier procure, sans le vouloir il est vrai, le bonheur éternel aux assassinés ; le second leur assure le malheur pour l'éternité.

Entre les deux meurtriers, dont l'un chasse par l'assassinat l'âme de sa fragile habitation, et l'autre respecte la demeure, mais tue l'âme qui l'habite, quel est le plus criminel ?

La réponse n'est pas douteuse.

Cependant la loi qui frappe si sévèrement l'assassin du corps poursuit à peine, et dans quelques cas seulement, l'assassin de l'âme.

Presque toujours il est certain de l'impunité.

Il est moins dangereux et plus lucratif de chercher l'or dans la pourriture que dans le sang ; moins dangereux, mais plus lâche.

Aussi le faiseur de démons sent si bien son ignominie, que tandis que son complice tâche de se dérober par la fuite aux recherches de la justice, lui fait tous ses efforts pour cacher sa turpitude sous le manteau de l'hypocrisie, et, pour donner le change à l'opinion publique, se pose en défenseur des droits de la raison et de la libre pensée.

Ne pouvant espérer de régner sur un peuple que lorsque celui-ci sera gangrené jusqu'à la moelle des os et réduit à l'état de cadavre en putréfaction, ces sépulcres blanchis, ces pharisiens de la raison pure ne poursuivent qu'un but, hâter cette pourriture commencée par les sociétés secrètes, les journaux libres penseurs, les écrits licencieux, les romans infâmes et tous ces dissolvants corrosifs que l'impiété verse à pleines mains sur la société moderne.

Il y a longtemps que ce travail de dissolution est commencé ; il y a longtemps que l'incrédulité, qui se pare du nom de philosophie, a poussé son cri de guerre : Écrasons l'infâme !

Il y a longtemps que pamphlétaires éhontés, littérateurs vendus, historiens faussaires, calomniateurs impudents, spéculateurs en scandales, journalistes de mauvaise foi, se tenant coude à coude, sont entrés dans l'arène avec une ardeur qui tient de la rage pour propager le mensonge et l'erreur.

Ils ont fait du mal sans doute, beaucoup de mal; mais les barrières qu'ils voulaient renverser sont encore debout, et s'ils sont parvenus à ouvrir une brèche à la ville assiégée, ils ont, au moment de l'assaut, toujours trouvé sur ses murailles croulantes des hommes qui, d'une main se couvrant du bouclier de la foi, et de l'autre élevant la croix, objet de tant d'attaques, les ont repoussés victorieusement.

Sans ces hommes nous aurions depuis longtemps la victoire, se sont-ils dit; ce sont ces intrépides défenseurs qu'il faut faire chasser par ceux mêmes que nous assiégeons. Et après s'être consultés entre eux, ils sont revenus, non plus en ennemis, mais criant autour des murs de la place : Ouvrez, amis, nous sommes vos frères, ouvrez. Que demandons-nous? Rien autre chose que la faveur de vous instruire, de répandre sur vous les bienfaits de l'instruction; voici notre bannière : voyez, il n'y a d'inscrit sur son rouge tissu que ces mots, dictés par les sentiments les plus fraternels :

Instruction gratuite, obligatoire et laïque.

Lâches menteurs!

Oh ! peu m'importe, qui que vous soyez, vous ne me ferez pas retirer ce mot :

Lâches menteurs !

Si vous n'avez pas pu triompher des parents, vous ne le savez que trop, c'est parce que, enfants, ils ont reçu cette instruction vraie à laquelle vous voulez substituer l'ignorance obligatoire de la religion et de l'histoire qui vous condamnent, vous réfutent, pulvérisent vos arguments captieux, démontrent la fausseté de vos doctrines.

Vaincus sur les pavés sanglants de Paris, où des milliers de vos dupes sont tombées sous les balles, vous voulez prendre votre revanche dans les écoles d'où sont sortis vos vainqueurs ; vous voulez que le gouvernement, bravant en votre faveur l'opinion publique, le gouvernement que vous combattiez hier et que vous combattrez demain si vous vous en croyez la force, vous livre en otages, à vous, les ennemis de la France, les enfants des Versaillais, comme vous appeliez il y a quelques mois tout ce que notre patrie renferme d'honnête, pour les pétrir à la servitude, pour en faire vos esclaves.

Vous voulez chasser de leurs écoles tous ces maîtres congréganistes auxquels la France doit ce qui lui reste d'instruction, de foi, de patriotisme, de bon sens, de virilité.

Vous prétendez, au nom de la liberté, obliger des chrétiens à faire de leurs fils des athées, parce que vous l'êtes, et vous ne voyez pas qu'il suffirait, à défaut d'autres convictions, de voir ce que vous êtes, pour n'y jamais consentir.

Vous faites sonner bien haut l'obligation de s'instruire, et vous donnez l'exemple de la plus honteuse ignorance dans tout ce que vous dites et dans tout ce que vous écrivez.

Vous vous appesantissez à plaisir sur le mot *instruction gratuite*, pour faire croire, selon votre tactique ordinaire, que vous n'avez en vue que l'intérêt du peuple; et vous savez très-bien, ou du moins vous devez savoir que l'instruction étant gratuite depuis longtemps pour les indigents, votre prétendue gratuité n'est qu'un impôt que vous faites peser sur l'ouvrier en faveur du riche.

Et tout cela, tout ce zèle pour l'instruction obligatoire, n'est qu'une précaution oratoire pour arriver au fameux mot *laïque*.

Allons donc, ayez du courage une fois dans votre vie et expliquez votre pensée.

Est-ce parce que l'instruction telle qu'elle est donnée par les prêtres, les jésuites, les congréganistes, les frères de la doctrine chrétienne et tout ce qui porte une robe, noire ou blanche, est insuffisante, que vous voulez la confier à vos professeurs laïques?

Mais d'où vient donc que, dans les examens subis par les élèves de ces ignorants devant une assemblée de professeurs laïques, ces mêmes élèves soient reçus en plus grande majorité que ceux de vos si savants maîtres?

D'où vient que dans les concours aux écoles spéciales, à l'École polytechnique, à Saint-Cyr et ailleurs, ce sont encore ces ignorants qui sont admis avec les premiers numéros?

D'où vient que plusieurs de vos journaux se plaignaient naguère avec une naïve amertume que l'armée, la flotte, les administrations étaient *infectées* de jeunes gens sortant des écoles cléricales?

Serait-ce, par hasard, qu'il n'y aurait d'admis aux examens et aux concours que ceux qui répondent mal et font preuve d'une plus grande ignorance, ou trouveriez-vous que les études soi-disant cléricales étant trop fortes, il serait bon d'en abaisser le niveau dans l'intérêt de l'égalité républicaine, en les confiant à des maîtres laïques choisis par vous?

Peut-être ne combattez-vous avec tant d'acharnement que dans l'intérêt du trésor public.

Dans ce cas, ce serait une bonne pensée : vous voudriez, par vos économies, faire rentrer dans nos caisses vides une minime partie des cinq milliards que vous nous avez coûtés, non compris le pillage et l'incendie de la Commune.

Vraiment ce serait louable, quoique fort niais.

Mais voilà que des expériences faites par vos conseils municipaux grosléens et autres, il résulte que si vos instituteurs et vos institutrices ne sont pas supérieurs en mérite et en science à nos frères ignorantins, ils coûtent en revanche beaucoup plus cher.

Ah! mais alors?

Alors? Eh! mon Dieu, à quoi sert de vouloir montrer le soleil à des gens dont c'est le métier de dire qu'il fait nuit?

A des gens qui, non contents de ce que nous, catholiques, payons aussi bien qu'eux les professeurs laïques, c'est-à-dire les universitaires dont ils sont seuls à profiter, ne veulent même pas nous permettre de payer de nos deniers des professeurs congréganistes sans qu'ils aient à y contribuer pour une obole?

A des gens qui, forcés de convenir, il le faut bien, quand on leur met les pièces sous les yeux, que les élèves des établissements religieux font de plus fortes et meilleures études que ceux de l'Université ou des institutions laïques, exigent, au nom de la science, la fermeture des écoles congréganistes?

A des gens qui, sous prétexte de liberté, prétendent forcer la main à un père dans le droit imprescriptible et le devoir sacré de surveiller l'éducation de ses enfants?

A des gens qui, sous prétexte d'économie...

Mais, bah! pourquoi discuter avec des ergoteurs de mauvaise foi, qui n'ignorent pas que les raisons qu'ils donnent au public sont détestables, mais qui en ont d'excellentes au point de vue de la logique sinon à celui de la morale; car ils savent bien que le meilleur moyen d'asservir une nation est de la corrompre, que le plus court chemin de la corruption est l'athéisme, et la voie la plus sûre pour arriver à l'athéisme radical à l'âge mûr, la suppression de toute instruction religieuse dans l'enfance.

Il y a dans le corps de l'homme des larves qui demeurent à l'état inerte tant qu'il demeure sain, mais qui se développent rapidement quand il entre en décomposition.

Il y a dans les nations des hommes-larves qui, eux aussi, ont besoin de pourriture pour s'engraisser, et à qui tous les moyens sont bons pour pousser le corps social à la décomposition.

Contre ces hommes qui font leur métier de pourrisseurs rien ne sert de discuter. Il s'agit de nos enfants, de ces âmes dont nous répondons, de ces âmes innocentes qu'on voudrait flétrir et perdre, de ces anges dont on complote de faire des démons; unissons-nous pour les défendre.

C'est plus que notre droit, c'est notre devoir.

LES CRIEURS DE MOURONS

Depuis des siècles, dans la plupart de nos grandes villes, le matin, des vieilles femmes et des enfants, invalides ou conscrits du travail, mais trop faibles les uns et les autres pour continuer ou commencer à gagner leur vie par des occupations fatigantes, parcouraient, au commencement de la belle saison, les rues en criant, d'une voix aiguë :

« Mouron pour les petits oiseaux ! achetez-moi du mouron, mesdames ! »

A ce cri bien connu répondaient d'impatients gazouillements dans toutes les cages, les fenêtres s'ouvraient, et de toutes les loges sortaient, leur sou à la main, les propriétaires des jolis musiciens captifs.

Car cela ne coûtait qu'un sou la botte, deux au plus, si le printemps ne s'était pas montré aussi généreux que de coutume. Et ces petits paquets d'herbes vertes, piqués de fleurs rouges ou bleues, cueillis au bords des sentiers, nourrissaient à la fois les pauvres et les oiseaux, sans faire de tort à personne.

En sorte que tout le monde aimait ce cri, qui signifiait : gens de la ville, quand vos travaux vous laisseront quelque temps de loisir, allez respirer l'air tiède et parfumé à la campagne, le ciel est bleu, les champs sont en fête.

Mais un jour vint où les femmes et les enfants ne se firent plus entendre, et où des bandes d'ivrognes, au visage sinistre, promenant un torchon sanglant, envahirent les rues en hurlant :

« Mourons pour la patrie ! »

Ce jour-là, les oiseaux se turent, car ils avaient peur ; les portes et les fenêtres se fermèrent.

C'est qu'en effet ces hurlements n'étaient que le cri de triomphe antinational par lequel des Français, indignes de ce nom, saluaient les défaites de nos armées succombant, malgré leur héroïsme, sous le poids du nombre à Wœrtz, à Freschwiller, à Sedan : la France était tombée blessée à mort sur le champ de bataille, et avant qu'elle eût rendu le dernier soupir, avant que les pillards de Guillaume eussent dépouillé le cadavre, des bandits se précipitaient sur elle, sinistre volée de vautours lâches et avides, pour plonger leur cou chauve dans sa blessure et arracher chacun sa gorgée de chair de sa poitrine palpitante.

« Mourons pour la patrie ! » c'était le signal de la curée chaude.

Il était temps encore de sauver la France ; les Prussiens, étonnés jusqu'à l'effroi de leurs victoires inattendues, ne demandaient, comme le voleur qui, d'un coup de bâton, vient d'étourdir un voyageur au coin d'un bois, qu'à s'enfuir avec la bourse volée, avant que la victime, revenue à elle, se mît à leur poursuite et leur fît rendre gorge.

Mais là n'était pas le compte des vendeurs de : « Mourons pour la patrie » ! Ils voulaient non pas relever la France en versant leur sang pour elle, mais prolonger son agonie, pour trafiquer, en ignobles charlatans qu'ils sont, de leur patriotisme en bouteille.

Et au lieu de marcher en avant contre l'ennemi, ils continuèrent leur ignoble mascarade, promenant partout, où ils n'avaient rien à craindre, leur drapeau sur lequel était écrit, en gros caractères, d'un côté :

« Guerre a outrance ! »

Et de l'autre :

« Pas un pouce de notre territoire, pas une pierre de nos forteresses ! »

Une devise de géants, traînée dans le ruisseau par un attelage de nains.

Ce qu'il y avait de citoyens dignes de ce nom, et de gens honnêtes, se laissa pourtant prendre à cette affiche menteuse.

Une âme droite est toujours la dernière à deviner l'infamie, parce qu'elle ne peut la soupçonner sans preuves évidentes, et que, même avec ces preuves, elle répugne à y croire.

Les débris de nos armées, les zouaves pontificaux, les volontaires de Charette, quelques régiments de mobiles, les Bretons et les Vendéens, beaucoup d'hommes de cœur qui n'ont pu réhabiliter ces corps de volontaires francs-tireurs et autres, dans lesquels ils eurent le malheur de servir, chargèrent leurs armes et allèrent se faire tuer, croyant que les hurleurs de patriotisme finiraient par suivre.

Ils ne vinrent pas, ces braves à tout poil, ils étaient trop occupés à fouiller dans ce qu'ils appelaient le fumier de l'empire, pour y chercher quelques napoléons égarés ; car, s'ils n'aimaient pas l'empereur, ils chérissaient son effigie ; ils n'avaient pas envie de se battre, préférant balayer les ministères, les préfectures, les sous-préfectures, les uns ramassant tous les emplois payés et se taillant en plein drap des costumes de polichinelles allant en guerre, se grimant en magistrats ou en administrateurs, et ressemblant à des laquais dans leurs habits brodés ou à des suisses de cathédrale avec leurs grands panaches, leurs épaulettes et leurs galons; les autres buvant, mangeant, beuglant dans les clubs et cherchant des places avec la même gloutonnerie que certains animaux cherchent des truffes.

Pendant ce temps, les hommes de cœur tombaient un à un, en défendant pied à pied le sol sacré de la patrie.

« Bon! laissons faire ces naïfs et ces cléricaux, » ricanaient les purs, qui, à l'abri de ces braves, continuaient à crier leur : « Mourons pour la patrie! » et à remplir leurs sacs.

Alors que l'incendie dévorait une partie de l'édifice, eux pillaient l'autre.

S'il y avait peu de danger, en revanche, il y avait beaucoup de profit.

Encouragés par tant de lâcheté, les Prussiens, les Saxons, les Badois, les Bavarois, l'Allemagne tout entière continuait à avancer, armée par armée, comme une marée qui monte vague par vague, lentement cependant, car ils avaient encore peur n'étant que dix contre un.

De Sedan à Paris, ils mirent cinquante jours.

Ils ne marchaient qu'en sondant le terrain, qu'en l'essayant du pied avec les mêmes précautions minutieuses qu'un voyageur qui, s'avançant sur un sol recouvert par les cendres à peine refroidies d'un volcan, craint à chaque pas d'être englouti.

Si le patriotisme se fût réveillé, ils étaient perdus. Ils le sentaient.

« Allons donc! arrivez, entrez en ligne avec nous, vous qui voulez mourir pour la France! » criaient les cléricaux en brûlant leurs dernières cartouches.

« Oui, nous y allons, répondaient les marchands de « Mourons »; tenez ferme encore quelques heures : nous organisons la défense, nous avons envoyé chercher l'illustre Ganache et nous lui faisons faire un manteau gris, doublé de drap rouge, avec une garniture de boutons d'argent : vous verrez combien les Allemands auront peur; ils s'envoleront comme une nuée de moineaux à la vue d'un mannequin rouge planté sur les branches d'un cerisier. En attendant, ne vous découragez pas et continuez à vous faire tuer, car nous ne cessons de vous le répéter :

> Mourir pour la patrie,
> C'est le sort le plus doux,
> Le plus digne d'envie.

Tenez bon, nos sacs ne sont pas encore pleins. »

Et les Prussiens avançaient toujours; ils avancèrent si bien qu'ils entourèrent Paris, et qu'un moment ils purent espérer que la France, ne sentant plus les battements de son cœur, demeurerait paralysée.

Mais ils se trompèrent doublement ; car, outre que le cœur de la France est partout où il y a des Français, il restait, entre Paris bloqué et les provinces encore libres, une voie de communication à laquelle ils n'avaient pas pensé : le ciel.

Ce fut par cette voie ininterceptée que, du sein de la capitale, arriva un jour à Tours le sauveur désiré, l'organisateur illustre, le génie universel, sous la figure de Léon Gambetta, un avocat médiocre, enveloppé dans un manteau fourré de peaux de rats, symbole des rongeurs dont il devait s'entourer.

A peine descendu de son fiacre en baudruche, le modeste Léon publia une proclamation dans laquelle il disait :

« La France c'est la république, et la république c'est moi. »

Sur quoi, comme toute république doit être libre, il se nomma dictateur et dit : « J'entends que tout le monde m'obéisse. »

Ensuite il s'occupa d'organiser la victoire, joua aux quilles avec les généraux, renversant les uns, relevant les autres, fit imprimer des bulletins de victoire, créa Garibaldi généralissime d'une armée grossie par tous les aventuriers venus prendre part au pillage, et après s'être entouré de Lauriers, pour se donner des airs de vainqueur, fit repeindre sur son drapeau les mots : *Guerre à outrance*, écrits en caractères gigantesques.

Parbleu! quand on est, d'un seul coup, de méchant avocat devenu dictateur et ministre en partie double, qu'on s'appelle Léon d'Arc, qu'on a un Laurier dans son cabinet, des généraux, des préfets, des magistrats dans son antichambre, des solliciteurs sur chaque marche de son escalier, une foule d'intrigants et d'imbéciles, de pleutres et de plats valets qui se prosternent sous son balcon, de claqueurs qui applaudissent à chacune de ses paroles, et qu'on sait que le jour où la guerre sera terminée, on redeviendra le citoyen Gambetta, on se fait outrancier jusqu'au bout des ongles. La bravoure n'était pourtant pas son fait, dit-on. Raison de plus pour être outrancier, d'autant plus outrancier, que, s'il est dangereux d'aller se battre, il ne l'est pas le moins du monde d'envoyer les autres au feu, et que, s'il est facile de donner à un général l'ordre de remporter la victoire en se conformant à un plan idiot, il ne l'est pas moins, à la suite d'un échec inévitable, de s'en laver les mains en destituant le général et en le déclarant traître à la patrie.

Ah! pendant un temps il fut lucratif le métier de citoyen sans peur mais non sans reproche. Pour ceux qui rêvaient l'uniforme galonné, les chapeaux pointus, les fourrures en peaux de lapins et la mascarade guerrière, il y avait l'armée *in partibus* des chemises rouges, où l'on tenait les Prussiens surveillés de loin, et où l'on ne faisait la guerre qu'aux caves des châteaux, aux meubles des évêchés, aux troupeaux des paysans, aux magasins des marchands de vins et de comestibles. Un cheval ne coûtait pas cher alors, et pour se procurer une voiture, il ne s'agissait que de la prendre.

L'or et l'argent se mettaient en réserve; un outrancier ne payait qu'en réquisitions, c'était l'assignat de l'époque, et pourvu qu'on eût un galon sur sa manche (le moindre soldat s'en mettait quatre), on réquisitionnait, le matin, un déjeûner fin, et le soir, un dîner plantureux. Les cigares, le vin, les armes, une loge au théâtre, des fourrures pour sa femme, une bague pour sa fille, objets de réquisition. On réquisitionnait un train spécial pour aller faire une visite à ses amis, et trois fourgons à bagages pour rapporter un mobilier emprunté sur parole.

Pour se donner toutes ces jouissances, que fallait-il? Rien, en vérité : endosser l'uniforme de franc-fileur, de volontaire de la peur, d'exterminateur en retraite, d'éclaireur de la fuite, de patriote du régiment de sauve-qui-peut.

Aussi quelle multitude de guerriers! tous les lièvres de la peur portaient l'uniforme, et tous les polissons des képis bleus; chaque ville, chaque village était un camp, où chaque compagnie avait un général, quatre colonels au moins et dix soldats ayant rang d'officier.

Les enrôlés volontaires arrivaient en foule, bonnet rouge en tête, hurlant : « Mourons pour la patrie », et le reste.

Hélas! un jour vint où le dictateur outrancier, n'ayant plus d'autres soldats que les patriotes qui demandaient avec tant d'instances à mourir pour la patrie, leur donna l'ordre de marcher en avant.

Oh! alors, ce fut une débandade générale : armes et drapeaux, plumets et chemises rouges disparurent comme par enchantement, et il se fit un immense reflux patriotique vers les carrières civiles; chaque préfecture eut cent candidats; chaque sous-préfecture deux mille; les généraux demandèrent à rentrer dans la vie privée en faisant liquider leurs retraites, tous les soldats réclamèrent des congés de convalescence; quelques capitaines eurent la chance, grâce à la faveur, de permuter avec des gardes-champêtres; l'existence des maires fut gravement menacée par des exterminateurs républicains, désireux d'utiliser leur capacité administrative dans les modestes fonctions d'administrateurs de village; quant aux volontaires, ils se cachèrent un peu partout, et dans un pays vinicole, célèbre par l'ardeur de son patriotisme, on en découvrit, dans une seule cuve, une douzaine à demi moisis.

Les gendarmes les en tirèrent de force, car si l'armée des vendeurs de « Mourons » ne voulait pas se battre, les fonctionnaires civils exigeaient que la nouvelle couche se fit tuer à son tour pour prolonger leurs émargements au budget.

Et ils n'étaient pas les seuls à crier : « Lâches que vous êtes, allez donc vous faire casser pour nous les bras et les jambes. »

Ils avaient, pour les soutenir et rallumer le patriotisme défaillant, et les fournisseurs de chaussures à semelles de carton, et les accapareurs d'armes hors d'usage, et les fabricants de cartouches en sciure de bois, et les vendeurs de drap brûlé, et les constructeurs de baraques en planches pourries, et mille et une autres variétés de spéculateurs jouant à la hausse sur les calamités publiques, toutes ces sangsues à demi gorgées qui ne voulaient pas lâcher prise avant d'être pleines à en crever.

Mais tout fut inutile.

Oui, tout, jusqu'aux bulletins de victoires qui ne trompaient plus personne, tout, jusqu'à cet acte d'héroïsme suprême qui, arrachant Léon à son Laurier, lui fit prendre un train spécial pour aller opposer, comme dernier rempart, sa poitrine aux baïonnettes ennemies, et, quand il crut au loin entendre gronder le canon, fit pousser au double ministre de la guerre et de l'intérieur ce cri sublime, que répéteront les échos de l'histoire :

« Mécanicien ! machine en arrière !!! »

Il fut sauvé !

D'autant plus sauvé, que, près de la Chapelle,

ce qu'il avait pris pour un régiment de hulans n'était qu'un troupeau de bœufs ramenés par leurs conducteurs.

Il fut sauvé ; mais, à partir de ce jour, le commerce du « Mourons pour la patrie » déclina sensiblement.

Aujourd'hui, après la paix faite, l'ex-dictateur essaye, dit-on, de relever son industrie ; espérons que la France ne se laissera pas tromper par ses prospectus à la Barnum, ses battements de caisse, ses parades et ses boniments.

Le « Mourons » que lui et les siens ont si bien vendu, coûte à notre pays deux provinces et cinq milliards, sans compter les milliards de la Commune.

Revenons-en au mouron pour les oiseaux, qui ne fait pas mourir les enfants, pleurer les mères, agoniser la France, et ne se paye qu'un sou la botte, deux sous au plus.

LES
CHASSEURS DE CADAVRES

S'il est une profession ignoble, entre toutes les professions, c'est celle des chasseurs de cadavres.

Cette profession existe pourtant ; ceux qui l'exercent s'en font gloire, et dans la presse impie il se trouve des Vermesch et des Maroteau pour célébrer leurs exploits.

Les chasseurs de cadavres ont leurs admirateurs, leurs courtisans, leurs panégyristes, toute une claque organisée, toujours prête à battre des mains à chacune de leurs farces impies.

Un temps viendra peut-être où, dans notre société abêtie par l'irréligion, il suffira d'avoir été chasseur de cadavres comme il suffisait, pendant la guerre civile, de justifier de son titre de voleur, de banqueroutier, d'assassin ou de forçat, pour avoir droit à s'asseoir auprès des Rigault, des Mégy, des Delescluse, des Pyat, et de tous ces autres bandits qui s'appellaient la Commune.

Ce temps est-il prochain? Dieu veuille que non, car, ce jour-là, notre chère France, déjà si malade, aura cessé d'exister, et la fille aînée de l'Église, honteusement jetée à la porte de son palais, ne comptera plus parmi les nations.

La chasse aux cadavres est à la fois un sacrilége et un mensonge, un double crime de lèse-majesté divine et humaine, un soufflet que l'impie, ne pouvant l'adresser à Dieu, applique, dans sa fureur impuissante, sur la face de la créature.

Frapper un enfant nouveau-né, incapable de se défendre, parce qu'on ne peut atteindre son père, fût-il un ennemi mortel, est une insigne lâcheté.

S'attaquer à l'enfant de son bienfaiteur est une honte de plus. Qu'importe à un fou furieux?

Pour insulter à la religion catholique, la seule attaquée par les conjurés de la libre pensée, parce qu'elle est la seule vraie, pour ameuter contre elle une foule égarée et corrompue, il faut des enterrements civils, et pour chacun de ces enfouissements sinistres, un cadavre est nécessaire.

Or, les cadavres d'impies sont plus rares qu'on ne pense, les solidaires le savent bien, et tel frère qu'ils avaient gardé à vue, empoisonné avec le plus de soin de leurs doctrines funestes, embaumé de son vivant pour se préparer un beau cadavre, entrevoit, sur son lit de douleur, les terribles horizons de l'éternité, et appelle un prêtre.

Le lâche!

Du même coup, il a volé son âme à l'enfer et son corps à la meute qui était là à sa porte attendant la curée ; les couronnes d'immortelles, les drapeaux, le cercueil, les discours, le banquet, tout était prêt, et voilà que, au grand scandale des frères et amis qui le couvrent de leurs malédictions, le cadavre du traître sort de la maison précédé de la croix et du prêtre, et prend le chemin de l'Eglise, cette douce mère à laquelle il avait promis fidélité, qu'il avait abandonnée et trahie, et qui lui ouvre ses bras comme le bon père de famille à l'enfant prodigue.

Si du moins de semblables trahisons se renouvelaient rarement! Mais, hélas! que d'enfouissements civils manqués à la dernière heure!

Que de cadavres reposent sous une croix, dans le terrain consacré par la prière, dont la place était marquée d'avance dans le pourrissoir de la libre pensée! que de fosses demeurées vides dans la voirie solidaire!

La noble mission du chasseur de cadavres est de parer à ces défections, de remplir ces vides, de procurer aux orateurs un placement avantageux pour leurs discours, d'autant plus sonores qu'ils sont plus creux.

Il y a quelques années — heureusement pour notre honneur que ce ne fut pas en France — il se forma une société de libres-penseurs, destinée à prévenir par tous les moyens possibles ces banqueroutes *in extremis*.

Les associés, en entrant dans cette honorable compagnie, s'engageaient par serment, au nom de la **LIBERTÉ DE CONSCIENCE**, à surveiller leurs confrères à l'heure de la mort pour les **EMPÊCHER** d'appeler un prêtre et de mourir en chrétiens, alors même qu'ils le désireraient le plus vivement; en un mot, à leur ôter, au nom de la **LIBERTÉ**, la **LIBERTÉ** d'obéir à leur **CONSCIENCE**.

Jamais les empereurs romains dans leurs caprices monstrueux n'avaient rêvé semblable attentat contre la dignité humaine; mais les solidaires se posaient en ennemis mortels du catholicisme, et les soi-disant libéraux démocrates applaudirent à leur généreuse initiative.

Aujourd'hui, grâce au zèle des pourvoyeurs de chair humaine, il est peu de grandes villes qui n'aient joui du bonheur de voir porter à la voirie quelque frère mort libre-penseur par force, grâce au zèle d'amis intéressés qui les gardaient à vue.

Lyon a même eu l'insigne honneur de voir les frères solidaires accompagner, en grande pompe, le solidaire capitaine Arnaud, assassiné par d'autres frères solidaires.

Comme on le voit, en cette occasion tout se passait en famille.

L'assassinat et la guerre civile, quels excellents auxiliaires et quels précieux pourvoyeurs! Une balle coupe court à toute espèce de défaillance finale; pas de banqueroute possible, ni l'âme ni le corps ne peuvent échapper.

L'âme, qui s'en inquiète, sauf, hélas! celui auquel elle appartenait? Quant au cadavre, c'est autre chose; c'est la décoration principale de la parade : les frères s'en emparent, l'encaissent, le promènent, le traînent avec accompagnement de musique, de drapeaux, de délégations, de bannières, de couronnes, d'insignes franc maçonniques, de garde nationale, quand cette utile institution existait encore, d'écoles laïques, de tous les oripeaux du vestiaire communard, modifié légèrement par la force des circonstances, mais parfaitement reconnaissable dans son ensemble.

Au bout de la promenade triomphale se trouve, non pas le Capitole, mais un trou dans lequel on enfouit consciencieusement le frère ; cinq ou six orateurs prononcent en son honneur le panégyrique de ses vertus civiques ; on hurle la *Marseillaise*, qui n'a rien à y voir; puis la cohue, agréablement bigarrée de tous les gens tarés de la ville et des environs, va banqueter joyeusement en attendant une nouvelle occasion d'insulter un nouveau cadavre.

Le lendemain, les journaux libres-penseurs battent un dernier roulement sur la grosse caisse de la réclame ; puis il n'est plus question, en ce monde, du héros jugé digne, par l'honorable société dont il faisait partie, de pourrir en compagnie des premiers chiens venus jetés à la voirie.

Dans ces temps malheureux de trouble et d'anarchie, les pourvoyeurs ont eu peu à faire.

A des époques moins agitées, les cadavres sont plus rares ; c'est alors que les chasseurs se mettent en quête.

Un mourant est-il éventé, la meute accourt prête à forcer la main à la famille si celle-ci tente de s'opposer à la curée. Mais souvent la force seule échouerait ; c'est là que le chasseur déploie toutes les ressources de son esprit infernal. Pour arriver à son but, rien ne lui coûte, ni ruse, ni mensonge ; tantôt c'est comme ami du malade et comme ange consolateur qu'il pénètre dans la chambre où gît sur un lit de douleur la proie qu'il convoite ; il la circonvient par ses soins empressés, l'étourdit et la trompe en lui montrant une guérison prochaine, la rassure sur son état, lui parle de l'admiration que cause dans le public sa grandeur d'âme et la force de ses convictions, écarte doucement les parents dont il se méfie, effraye leur cupidité en parlant de restitution qu'un prêtre catholique ne manquerait pas d'exiger si on le laissait pénétrer, de legs qu'il se ferait donner ;

si l'intérêt égoïste n'a pas de prise sur des cœurs généreux, il fait vibrer la corde du sentiment : pourquoi effrayer ce cher malade en lui parlant de sacrements ? sans doute il est fort à désirer qu'il les reçoive, mais le moment n'est pas encore venu, attendons qu'il soit mieux, le contraindre serait commettre un assassinat ; s'il le demande, c'est qu'il veut savoir si son dernier moment est proche ; rassurez-le en l'engageant à patienter.

Comment ne pas croire à la sincérité de cet ami qui pleure de tendresse, qui s'offre à veiller au chevet du moribond, qui a vu le docteur et qui en a reçu les confidences les plus rassurantes, qui, au besoin, fera venir le sien, un habile homme dont le plus grand talent est de persuader les familles que le râle de l'agonie est un symptôme d'amélioration.

Si le curé, averti, se présente spontanément :

« Laissez-moi lui parler, s'écrie l'ami, ne quittez pas le chevet de votre père, de votre mari, de votre fils ; il ne peut pas se passer de vous ; je vais moi-même parler à ce bon prêtre, l'engager à revenir ce soir, à attendre la fin de la crise. » Et, sans donner le temps de répondre, il sort précipitamment, court au-devant du prêtre, le rudoie, l'insulte, lui déclare que ni le malade ni sa famille n'ont besoin de ses momeries, qu'ils refusent de le voir, et qu'en leur nom il lui défend de violer leur domicile ; puis il rentre le sourire aux lèvres, tout mielleux et confit :

« Tout est arrangé, dit-il, votre bon curé reviendra dans la soirée ; c'est vraiment un excellent homme. »

Le temps s'écoule, le prêtre ne revient pas et le malade meurt dans le désespoir ou s'éteint dans l'abrutissement.

Pendant toute sa vie il avait repoussé Dieu, Dieu l'a repoussé à son tour.

L'implacable ami serre alors une dernière fois la main encore moite qui se tendait vers lui comme pour demander grâce ; il verse quelques larmes hypocrites en rejetant le linceul sur la face de l'homme qu'il vient d'assassiner, laisse tomber quelques phrases banales de consolation, puis il s'esquive et court, radieux, raconter son triomphe à ses complices.

La chasse a été pénible, mais enfin *il a fait son cadavre.*

Demain sera un jour de fête pour la libre-pensée.

Demain, au cimetière, il y aura une croix de moins.

Et AILLEURS, hélas ! une âme de plus.

Vrais amis, parents désolés, familles déshonorées, pleurez des larmes amères ; qu'importe aux frères qui promènent et profanent la dépouille mortelle de celui qui fut votre père, votre mari, votre fils ou votre frère ? ils avaient besoin d'un cadavre, ils l'ont, ils sont satisfaits.

Est-ce assez horrible ?

Il y a pourtant quelque chose de plus hideux encore.

C'est quand ce sont les parents eux-mêmes, un père, une mère qui, complices du chasseur de cadavres, consentent, soit par un stupide orgueil, soit par cupidité et pour quelques deniers, à jeter en pâture à l'ignoble meute le corps de leur enfant, à faire de la dépouille, comment devrais-je dire? de la robe immaculée que leur ange abandonne sur le lit de mort qui fut son berceau, le drapeau ignoble de l'impiété sacrilége.

Le cœur se soulève de dégoût à la vue ou à la lecture de ces monstruosités contre nature.

Dieu vous avait donné un fils, une fille; l'eau du baptême avait coulé sur son front. Le jour, il vous tendait ses petits bras et bégayait votre nom; la nuit il souriait aux anges penchés sur son berceau; plus pur qu'un lis, il croissait sans se flétrir dans une atmosphère empoisonnée par le vice et l'incrédulité. Un matin il s'est envolé vers le ciel, laissant entre vos bras son petit corps sans tache, sa chrysalide d'ange : et au lieu de bénir, en vous frappant la poitrine, la main qui vous a ôté le trésor dont vous étiez indigne, au lieu de baiser pieusement cette précieuse relique, au lieu de l'ensevelir dans sa robe blanche, vous jetez à l'enfouisseur ce petit cadavre de deux ou trois ans, et, par une haine insensée de la religion, vous affublez cet enfant, qui fut la chair de votre chair, le sang de votre sang, de la livrée du crime ; vous en faites, par le plus inepte des sacriléges, un polichinelle de la libre-pensée.

Pauvres gens, qui croyez vous rendre illustres en annonçant dans les journaux que vous ne voulez mettre aucune différence entre l'enterrement de votre enfant et l'enfouissement d'un chien mort sur un fumier ! Aux yeux mêmes de vos complices, vous n'êtes que de ridicules insensés, et à ceux des hommes qui raisonnent, que de lâches et stupides orgueilleux.

Quant aux chétiens qu'afflige ce spectacle de la folie humaine, il y a pour eux une consolation, une immense consolation : c'est que l'âme envolée n'a rien à ressentir des insultes faites à ce corps ; c'est que pendant qu'avec cette sainte dépouille, que vous essayez en vain de profaner, vous ne songez qu'à insulter Dieu, cet enfant innocent chante avec les anges l'hymne éternel du ciel et que, prosterné aux pieds de son créateur, il le supplie de vous ramener à lui avant que, de la même voix dont le juge suprême disait à Caïn, le meurtrier : « Caïn, qu'as-tu fait de ton frère ? » il ne vous demande à vous, père et mère dénaturés : « Qu'avez-vous fait de votre enfant ? »

Mais, bah ! pourquoi songer à tout cela, à cette éternité si gênante qu'il vaut bien mieux ne pas y croire ? et, après tout, la récompense reçue n'est-elle pas magnifique : trois lignes dans le journal des cabarets et la haute approbation du citoyen X..., un des plus habiles chasseurs de cadavres? Faiblesse, immoralité, bêtise et orgueil, quel bon terrain de chasse pour les pourvoyeurs d'enterrements civils!

VIEUX HABITS, VIEUX GALONS

Je venais à peine d'arriver à Paris, et je traversais le boulevard Saint-Denis, quand mon ami Curiosus me saisit le bras.

« Parbleu, mon très-cher, c'est la Providence qui vous envoie; vous allez venir avec moi chez Josquin.

— Qu'est-ce que ce Josquin?

— Un admirable collectionneur, mon bon, tout ce qu'il y a de plus excentrique.

— Je déteste les collections.

— Oh! celle-là ne ressemble pas aux autres; venez, venez. »

Et il m'entraîna.

Cinq minutes après, il sonnait à une porte de la rue du Temple.

« Ah çà! mais c'est un marchand de vieux galons,

vieux habits, votre monsieur Josquin? demandai-je à mon ami.

— Je crois qu'il ne l'est plus, mais c'est dans la friperie qu'il a fait fortune.

— Et c'est son magasin que nous allons visiter?

— A peu près.

— Alors, c'est une mystification, je n'entre pas.

— Vous entrerez, au contraire. »

Une servante était venue nous ouvrir.

« M. Josquin est-il chez lui?

— Oui, Messieurs, donnez-vous la peine de monter. »

Mon ami me poussa par les épaules, et je me trouvai dans un salon d'un goût plus que médiocre, dont l'ameublement ne révélait nullement le faire d'un artiste.

M. Josquin entra presque aussitôt. C'était un homme d'une cinquantaine d'années, dont la physionomie franche et ouverte indiquait plus de bonhomie et de gaieté que d'intelligence.

Il répondit à mon salut par une légère inclination, tendit la main à Curiosus, et, après quelques mots de politesse, nous fit passer dans la pièce voisine.

A l'extrémité de cette pièce se trouvait une porte sur laquelle était écrit en gros caractères :

MUSÉE DES DÉFROQUÉS.

« Pour un vieux marchand d'habits, ne trouvez-vous pas ce titre bien choisi? me dit-il. C'est une idée de madame Josquin. »

Puis il ajouta :

« C'est l'ex-musée des souverains qui m'a inspiré cette collection. En voyant le fauteuil du roi Dagobert près du bréviaire de Robert le Pieux, des pantoufles de Catherine de Médicis, des souliers de satin blanc et de la brosse à dents de Napoléon, je me suis dit : Pourquoi ne te ferais-tu pas un musée de ce genre, l'ami Josquin, toi qui es de la partie? Et, ma foi, je m'y suis mis aussitôt; seulement, au lieu de rêver une collection complète pour laquelle toutes les galeries du Temple n'auraient pas suffi, je me suis borné aux défroqués modernes, et encore n'ai-je dû admettre que les plus célèbres parmi eux; car, voyez-vous, dans les temps où nous vivons, il y a des hommes qui changent de costume aussi souvent que les serpents changent de peau. »

Tout en disant cela, il venait d'ouvrir la porte, et nous entrions dans une galerie longue et étroite, dont les parois disparaissaient sous des habits, des robes, des chapeaux, des chaussures en si grand nombre, qu'on eût pu se croire dans une friperie ou dans le vestiaire d'un théâtre.

A chaque défroque était cousu un écriteau portant les noms du propriétaire, avec une date.

« Tenez, Monsieur, fit le collectionneur, veuillez

examiner cette série, elle est assez curieuse et très-complète ; c'est la série VICTOR HUGO, le grand républicain, sans peur et sans reproche.

Vous voyez cet habit bleu à boutons d'or, forme restauration ; c'est celui qu'il portait quand il se fit présenter aux Tuileries, au roi Charles X, pour lui offrir le premier volume de ses odes, celui dans lequel se trouvent les pièces intitulées : la Vendée, Quiberon, la Mort du duc de Berry, et cette ode célèbre sur la naissance du duc de Bordeaux, qu'on nous faisait apprendre au collége royal, et que je me rappelle encore :

> O joie ! ô triomphe ! ô mystère !
> Il est né l'enfant glorieux,
> L'ange que promit à la terre
> Un martyr partant pour les cieux !
> L'avenir voilé se révèle :
> Salut à la flamme nouvelle
> Qui ranime l'ancien flambeau !
> Honneur à ta première aurore,
> O jeune lys qui viens d'éclore,
> Tendre fleur qui sors d'un tombeau !

Hein ! est-ce senti ? et il y en a long sur ce sujet. C'était un *fameux royaliste* que M. Victor Hugo, en 1820 et 1821, et Charles X lui témoigna généreusement sa reconnaissance.

Le poëte payé se tourna d'un autre côté et se fit *fameux bonapartiste* ; de 1825 à 1828, il chanta les Napoléon, la colonne, la grande armée, que sais-je, et même plus tard il continua sous main à flatter ceux qu'il n'était pas encore bien sûr de ne pas voir revenir.

Tenez, voici le brouillon d'une lettre que j'ai retrouvé dans la poche d'un de ses paletots.

Elle est adressée au roi Joseph :

« Sire, écrit le poëte, je profite, pour vous répon-
« dre, de la première occasion sûre qui se présente.
« M. Presle, qui part pour Londres, veut bien se
« charger de remettre cette lettre à *Votre Majesté*.
« Permettez-moi, *Sire*, de vous traiter toujours
« royalement. *Les rois qu'a faits Napoléon, selon
« moi, rien ne peut les défaire. Il n'y a pas une
« main humaine* qui puisse effacer le *signe auguste*
« que ce grand homme vous a mis sur le front.

« M. Presle vous dira une partie de ce que je vous
« dirais, *Sire*, si j'étais assez heureux pour vous
« voir. J'aurais bien des choses de tout genre à vous
« dire. *Il est impossible que l'avenir manque à votre
« famille,* si grande que soit la perte de l'an passé
« (la mort du roi de Rome); *vous portez le plus
« grand nom des temps historiques.* »

Cette lettre est du 27 février 1833.

Mais 1830 arriva, et Charles X partit. Victor Hugo me vendit l'habit bleu et se fit faire cette redingote bourgeoise pour aller saluer Louis-Philippe d'Orléans, et lui dire :

« Sire, vous êtes l'homme de la Providence ! »

Louis-Philippe fut très-satisfait de la démarche du poëte et voulut l'en récompenser autrement que par une poignée de main; seulement, comme c'était un roi économe, il aima mieux donner à ce monsieur des honneurs qu'un bon sur sa cassette, et le nomma pair de France.

Le *fameux orléaniste* se fit broder ce riche habit et alla prononcer de beaux discours en l'honneur de la nouvelle dynastie.

Le 25 février 1848, un valet de chambre de l'incorruptible m'apporta l'habit à la tombée de la nuit; je lui demandai si son maître était monté dans le fiacre du vieux roi.

« Tu plaisantes, sans doute, me répondit-il : le citoyen Hugo est membre du gouvernement national républicain; il a pris la carmagnole de son cocher et fume une pipe à l'Hôtel de ville, en compagnie de Flocon, Armand Marrast et autres incorruptibles. »

Voici cette carmagnole avec l'écharpe qui l'accompagnait; après le coup d'État, le poëte laissa toute cette défroque prudemment échangée contre un manteau de voyage artistement usé et troué, qu'il emporta à Guernesey, pour poser en victime du despotisme de Napoléon III.

Personne ne songeait à l'empêcher de rentrer; toutefois le grand persécuté se garda bien de revenir : il aimait bien mieux continuer à jouer son rôle de Marius dans les marais de Minturne, et il avait raison, car, grâce au tapage qu'il fit autour de son infortune, il trompa si bien les gobe-mouches, que ceux-ci, touchés des malheurs imaginaires du martyr, achetèrent à prix d'or ses pamphlets, ses romans, ses poésies.

Ah! quelle belle spéculation, et que de centaines de mille francs tombèrent dans la caisse du défroqué!

Malheureusement pour lui. l'idée triompha, la république revint, et Victor Hugo rentra.

Alors seulement on s'aperçut que le géant n'était qu'un pygmée, que le grand citoyen n'était qu'une grande nullité; il fut impossible d'en rien faire, et le fameux képi avec lequel le chantre des Bourbons, des d'Orléans, de la colonne et de la république avait fait sa rentrée triomphale à Paris, vint rejoindre le manteau troué.

Oui, Messieurs, le Victor Hugo, retour d'exil, a perdu toute valeur commerciale, et je ne donnerais pas cinq sous de son dernier travestissement; mais chacun des autres lui a rapporté gros.

De 1818 à 1825, *le devoir* fut pour lui de chanter les gloires de la Vendée, le martyre de Louis XVII, la statue de Henri IV, les vertus de la duchesse de Berry, la naissance et le baptême du duc de Bordeaux, le sacre de Charles X; — voilà pour la branche aînée.

De 1825 à 1828, *le devoir* fut pour lui de restaurer la dynastie napoléonienne; — voilà pour la légende bonapartiste.

De 1830 à 1845, *le devoir* fut pour lui de guetter la pairie en flagornant Louis-Philippe; — voilà pour la branche cadette.

De 1848 à 1851, *le devoir* fut pour lui de préparer l'avénement de Louis Bonaparte; — voilà pour la démocratie.

De 1851 à 1870, *le devoir* fut pour lui de vilipender l'ingrat qui n'avait pas reconnu ses services par l'offre d'un portefeuille, et de battre monnaie avec ses ressentiments; — voilà pour la marmite et la popularité.

De 1870 à 1871, *le devoir* fut pour lui de coiffer un képi ridicule et d'accepter un mandat qu'il devait traîner dans la boue avant de le jeter aux orties; — voilà pour le courage et la logique.

En 1871, *le devoir* fut pour lui de flatter la populace, d'exalter les assassins, de proclamer l'émeute sainte et de briguer à nouveau le mandat qu'il avait foulé sous ses sandales; — voilà pour l'apothéose.

En somme, pour Victor Hugo, le devoir fut toujours, depuis sa floraison jusqu'à sa décrépitude, de ménager amoureusement toutes les chèvres et tous les choux.

Aujourd'hui, le citoyen poëte a une grosse fortune, gagnée à changer de conviction et de paletots.

Si le métier n'est pas très-honnête, je puis vous affirmer qu'il a été joliment lucratif.

« En voilà pour un ; passons à un autre

Le costume suivant, comme vous le voyez, est entièrement complet : soutane, culotte courte, ceinture, rabat, chapeau à larges bords, souliers à boucles, rien n'y manque ; j'aurais pu dix fois le revendre à un pauvre curé ou à son vicaire : comme collectionneur, j'ai préféré le garder, et je ne m'en repens pas.

Voici le nom de son propriétaire : Ernest Renan, ex-abbé, élève du grand séminaire de Saint-Sulpice, aujourd'hui membre de l'Institut et professeur au collège de France. Encore une bonne histoire que celle-ci.

Oui, oui, un fameux farceur que ce Renan, un farceur auquel l'art de se défroquer à propos a rapporté plus d'argent et *d'honneurs* que ne lui en aurait procuré une cure, même de première classe.

Il commença par être abbé au grand séminaire de Saint-Sulpice, puis il trouva la soutane trop lourde et la quitta.

« Si ce n'était pas sa vocation d'être prêtre, et s'il se sentait incapable des devoirs qu'impose le sacerdoce, il fit bien d'y renoncer, dit mon ami Curiosus.

— Sans doute, sans doute, reprit M. Josquin, qui n'était pas sans quelque littérature : *soyez plutôt maçon si c'est votre métier;* mais parce qu'il ne se jugeait pas digne de servir Dieu comme prêtre, ce n'était pas une raison pour se mettre à l'insulter. En agissant comme il le fit, il se conduisit de la même manière que ces mauvais domestiques qui, sortis par leur faute de chez un excellent maître, se vengent de ses bontés en le dénigrant.

Si le petit abbé avait peu de piété; il avait en revanche beaucoup d'ambition, et reluquait déjà un habit de membre de l'Institut.

Malheureusement l'habit, comme les raisins de la fable, était trop haut, et le défroqué vit bien que jamais il ne parviendrait à l'attraper en sautant.

Que fit-il alors?

Trop petit pour y parvenir par lui-même, il chercha autour de lui quelqu'un qui voulût bien lui faire la courte échelle.

Et voyez quelle chance ont certaines gens, il trouva là tout à propos un bon jésuite, très-savant en langue hébraïque et auteur d'un mémoire inédit sur le culte de je ne sais quel dieu assyrien.

M. Renan, qui avait des raisons pour ne pas être discret, publia sur la même question un mémoire dans lequel il fit passer, avec la dextérité d'un escamoteur, les découvertes du révérend père.

Si vous ne m'en croyez pas, lisez ce qu'a écrit à ce sujet un certain Jean Loyseau, que les lecteurs de l'*Ouvrier* connaissent depuis longtemps.

Ce travail d'érudition achevé, il le saupoudra, pour lui donner du montant, de quelques bonnes pincées d'incrédulité. Les mauvais journaux se chargèrent du reste ; et, grâce aux bonnes épaules du jésuite, il décrocha l'habit brodé.

Mais ce n'était pas tout d'avoir le costume d'un savant, avec garantie du gouvernement ; il fallait remplir la caisse. Le nouveau membre de l'Institut n'était encore que déserteur ; il chargea son fusil pour tirer sur son ancien chef ; ce chef c'était Dieu.

Il écrivit la *Vie de Jésus*.

Un blasphème de cinq cents pages.

Avec des on dit, des peut-être, des il se pourrait, il travestit le Christ en charlatan et en imposteur, le couvrit de boue, lui cracha au visage, puis, le traînant chez son éditeur, il dit : « Voilà l'homme, *Ecce homo*, exposez-le aux railleries de tous les impies : c'était mon maître et mon ami ; le voici, je vous le livre pour quatre-vingt mille francs. »

L'éditeur était juif ; le marché fut conclu, et le vendeur toucha les pièces d'argent.

« Comme Judas ! s'écria Curiosus.

— Allons donc ; ce Judas n'était qu'un imbécile : à peine eut-il touché l'argent, qu'il alla se pendre. Monsieur l'abbé, après avoir vendu le Maître, retourna chercher les Apôtres pour les vendre d'abord en bloc, puis encore au détail.

Si l'éditeur y eût consenti, il aurait ensuite passé aux disciples. Il ne tient pas aux reliques, je vous en réponds.

M. l'abbé Renan est devenu riche; il est aujourd'hui non-seulement membre de l'Institut, mais professeur d'hébreu, et je ne sais quoi encore.

Ah! le bon métier, Messieurs, que celui de défroqué! »

Nous passâmes devant quelques autres costumes sans nous arrêter : « Ceci n'est que du menu fretin, » avait dit notre cicerone.

Je voulus pourtant savoir ce que c'était qu'une férule suspendue à une patère.

« Oh! Messieurs, fit M. Josquin, ne vous arrêtez pas à si peu. Ce petit instrument de torture, singulièrement détérioré par le fréquent usage qu'en a fait le propriétaire, avait été oublié par lui à Bonne-Etable, où il était maître d'école. Plus tard, il y a été retrouvé par M. Louis Veuillot, qui en a fait usage pour fustiger le magister, devenu l'un des rédacteurs de l'*Opinion nationale* et fougueux déclamateur contre la brutalité des pères jésuites dans leurs colléges.

— N'est-ce pas d'un certain Sauvestre que vous voulez parler? demanda Curiosus.

— Je crois que c'est bien ce nom; mais, franchement, ce fouetteur d'enfants est resté si peu de chose que je suis décidé à supprimer la férule.

— Et tous ces habits à palme?

— Mauvaise affaire, ne m'en parlez pas; défroques d'anciens élèves de l'Ecole normale et d'ex-professeurs, qui, après avoir médité ces paroles de M. Villemain : *Le seul moyen de faire son chemin dans l'Université est d'en sortir*, sont sortis, en effet, pour embrasser la carrière de journalistes, d'industriels, de littérateurs, voire même de pâtissiers.

— De pâtissiers !

— Eh ! oui, Monsieur, et vous en trouverez un place Saint-Michel, non loin de la Sorbonne. Que voulez-vous, il avait de l'ambition, et, ma foi, il s'est évadé du sein de l'*alma mater*. »

Nous fîmes quelques pas encore, la galerie s'encombrait de toges d'avocats, d'habits brodés de préfets, de costumes de généraux, de chapeaux à plumes, que sais-je encore.

M. Josquin haussa les épaules.

« Fournée du 4 septembre, dit-il ; un tas d'avocats devenus préfets, généraux, ministres, et le reste, puis redevenus ce qu'ils étaient : rien. J'ai eu ces habits à quatre-vingt-dix-neuf pour cent de rabais, et à ce prix la doublure n'est pas payée ; mais cette friperie coûte cinq milliards à la France.

Ah ! remarquez cette toge râpée ; c'était celle d'un avocat célèbre, d'un vertueux républicain, d'un homme que l'on vantait alors pour sa moralité, son désintéressement, toutes ses vertus. Il échangea par *désintéressement* cette mauvaise robe contre un habit de ministre des affaires étrangères, qui m'est revenu depuis quelque temps. Son propriétaire a eu des malheurs ; on ne parle plus de sa *haute moralité ;*

certains faux, qu'un procès a révélés, font que même les amis de M. Jules Favre se taisent au sujet de ses vertus civiques, et, entre nous, l'austère républicain est heureux d'en être quitte à si bon marché.

Voyez-vous cette petite redingote noire, si modeste : c'est le premier costume du dauphin Léon Gambetta, celui qu'il portait au petit séminaire de Cahors, où l'avait fait entrer la charité du pieux évêque de cette ville. Quelques années plus tard, il endossa cette robe sous laquelle il commença ses déclamations contre ses bienfaiteurs ; son ingratitude lui donna un renom parmi ceux qui, comme lui, trouvent trop lourde la dette sacrée de la reconnaissance. Posté dans une tabagie, d'où il guettait sa proie, il fut un des premiers à l'Hôtel de ville d'où, lorsque Paris fut bloqué, il arriva à Tours en ballon, comme un ministre en partie double qui tombe de la lune : voici la redingote fourrée de l'aérolithe sauveur ; son habit de ministre de la guerre, fripé dans les wagons ; son habit de ministre de l'intérieur, dont la manche droite s'est usée jusqu'à la corde sur la table où il rédigeait ses bulletins de victoire.

Ah ! Monsieur, quand je pense que ces deux loques nous coûtent trois milliards, cela me donne envie de pleurer. Leur propriétaire y tenait furieusement, paraît-il, et ce n'est pas sans peine qu'on a pu le décider à s'en séparer. Si encore c'était pour toujours ! mais il paraît que, pour les rattraper, il travaille des pieds, des mains, et surtout du gosier.

Gare à nous s'il réussit, car la doublure qu'il y mettrait coûterait encore plus cher que le drap, et...

— Pardon si je vous interromps, fit en ce moment mon ami Curiosus, qui ne pouvait s'empêcher de fureter; qu'est-ce donc, s'il vous plaît, que cet instrument?

— Une guitare espagnole, retour de Saint-Sébastien, où, pendant que nous nous démenions au fond du bourbier dans lequel il nous avait précipités, le fier jeune homme était allé se reposer de ses fatigues et, le cœur léger, chanter de sa plus douce voix :

> Je reviendrai après l'orage,
> Payez sans moi, payez sans moi.

Et il est revenu, en effet, plus fier que jamais, avec de l'or plein ses poches; il s'appelle le Dauphin, et il s'est fabriqué un bel écusson, portant au centre une chope couronnée, avec cette devise :

> Dans le pays des aveugles je serai roi. »

Je vis que la conversation allait prendre une tournure politique, et, pour y couper court, je demandai à M. Josquin s'il ne possédait rien de la Commune?

« Peu de chose, me répondit-il, très-peu de chose; cela ne m'aurait pourtant coûté que la peine de ramasser dans la boue des bonnets rouges, des carmagnoles chamarrées d'or, des costumes de saltimbanques, des oripeaux de toutes sortes dont les chefs de la Commune ont eu soin de se débarrasser avec leur couardise ordinaire ; mais tout cela était tellement couvert de sang, du sang des autres, bien entendu, si fort imprégné de pétrole, et avait appartenu à des individus si malpropres, que je me suis borné, pour ne pas infecter mon musée, à recueillir le paletot noisette de Delescluze et la toque de Ferré.

— Où sont ces épaves ? demanda mon ami.

— Ma foi, au lieu de les conserver, j'en ai fait cadeau au bourreau de Paris, pour joindre à sa collection de poignards, de couteaux, de pistolets, de fioles et autres pièces de conviction déposées au tribunal lors du procès des grands scélérats.

— Sans rien garder absolument, M. Josquin ?

— Une seule série que voici, et qui porte le nom d'un des plus éhontés spécimens des défroqués des temps modernes ; je veux parler de ce Rochefort, qui naquit Monsieur le vicomte Henri de Rochefort Luçay.

Son père était un noble de vieille roche, sa mère une femme philosophe, dit-on, qui, après la mort de son mari, se consacra à l'éducation de son cher Henri.

Quand je vous dis que madame de Rochefort était voltairienne, je dois cependant vous avouer que je m'appuie uniquement sur les allégations d'un biographe inconnu, dans la brochure duquel on lit :

Madame de Rochefort avait depuis longtemps appris à détester dans sa propre famille les abus de la légitimité et de la bigoterie. Comme ces fils de 89 qui étaient devenus révolutionnaires, parce qu'en les allaitant, leurs mères s'étaient nourries de la lecture de Rousseau et de Voltaire, Rochefort est devenu républicain, parce que sa mère était républicaine. »

Et un peu plus loin, en parlant de la mort de cette femme sans préjugés :

« Quand tout espoir fut perdu, Rochefort, fou de douleur, crut devoir lui offrir les secours d'un prêtre ; mais madame de Rochefort eut un sourire et haussa doucement les épaules. »

Vous comprenez, Messieurs, que j'ai joint la charmante biographie à la série, ou si vous préférez au dossier de Rochefort ; si elle est vraie, la conduite de la mère est une circonstance atténuante au bénéfice du fils, et je n'ai pas voulu l'en priver.

Élevé par une citoyenne pareille, il ne pouvait devenir que ce qu'il est devenu..., un être dégradé et pervers.

Heureux temps que celui où les parents feront donner à leurs fils et à leurs filles une éducation laïque obligatoire, par des instituteurs formés sur ce même modèle, pétris dans ce même moule.

Heureuse l'époque où l'on enseignera aux enfants qu'il faut rire de la religion et hausser les épaules au moment même où la mort, venant appesantir ses mains sur eux, comme un gendarme les siennes sur l'épaule d'un criminel, leur dira, de sa voix solennelle :

« Suis-moi devant Dieu et viens répondre à ton juge ! »

A cet appel suprême, madame de Rochefort eut un sourire et haussa doucement les épaules.

Qu'est devenue la mère ?... Dieu seul le sait.

Celui auquel elle légua l'exemple de son incrédulité est au bagne.

Ah ! Messieurs, en parlant de l'enseignement laïque opposé à l'enseignement religieux, le citoyen Gambetta disait dernièrement :

« Tout est là. »

Oui, tout est là, et si ces défroques savaient parler, elles confirmeraient cette parole.

Rochefort fut un triste exemple de cette vérité ; bien élevé, il aurait peut-être compris la noble devise inscrite sur le blason de sa famille : *Noblesse oblige.*

Enfant, il ne sut pas lire ces mots, et plus tard, se sentant instinctivement indigne de cet héritage d'honneur, il décrocha ce symbole importun que, du bout de sa botte vernie, il poussa au coin d'une borne.

Ce fut là qu'un chiffonnier ramassa le parchemin couvert de boue ; j'ai essayé de le laver, mais la tache **est indélébile.**

Il y avait cependant quelque chose au fond de ce cœur dévoyé, de cette intelligence malsaine, et, vers l'âge de seize ans, il se fit comme une magnifique éclaircie entre les nuages d'erreur amoncelés, hélas! par une mère autour du berceau de son enfant.

Rochefort devint tout à coup d'une piété séraphique. »

Pour le coup, mon ami Curiosus partit d'un formidable éclat de rire.

« Cher Monsieur Josquin, s'écria-t-il, voilà qui est un peu trop fort, vouloir nous persuader que Rochefort a été dévot! Non, non, ce n'est pas bien; c'est de la calomnie catholique.

— Ah! pardon, Monsieur, fit le collectionneur piqué au vif de l'incrédulité de mon ami, mon musée n'est pas, comme vous avez l'air de le supposer, une boutique de bric-à-brac où l'on fait passer une vieille lardoire pour le cure-dents de Charlemagne; je me respecte, Monsieur, et je n'admets que des défroques authentiques.

Si le citoyen Rochefort n'avait fait que changer d'habits suivant les caprices de la mode, vous ne trouveriez ici rien de lui; mais il a changé aussi et d'opinions politiques et de sentiment en matière de religion.

— Je n'en doute pas le moins du monde, balbutia Curiosus, mais vraiment le nom de piété, accolé à celui d'un homme aussi prêtrophobe, de ce maniaque d'irréligion, de ce fils qui s'opposa à l'enterrement religieux de son père, mort dans les meilleurs sentiments, de ce mari qui se vantait de n'être pas marié, de ce père qui écrivait dans les journaux pour apprendre au monde et surtout à ses électeurs qu'il avait un fils de dix ans non baptisé et qu'il ne ferait pas baptiser, oui, ce mot de religion m'a paru exorbitant.

— Il ne l'est pourtant pas, Monsieur, et peut-être même ce fou furieux, que la vue d'un prêtre faisait entrer en épilepsie, n'aurait-il pas été si acharné à souiller, à calomnier, à mordre tout ce qui lui rappelait l'Église, s'il n'eût été un déserteur et un renégat.

D'ailleurs, voici une pièce authentique, une pièce qui m'a coûté fort cher, mais qui ne pourra laisser aucun doute dans votre esprit.

Cette pièce, que vous me permettrez de vous lire, est intitulée :

UN SONNET A LA VIERGE.

Toi que n'osa frapper le premier anathème,
Toi qui naquis dans l'ombre et nous fis voir le jour,
Plus reine par ton cœur que par ton diadème,
Mère avec l'innocence et Vierge avec l'amour,

Je t'implore là-haut, comme ici-bas te t'aime,
Car tu conquis ta place au céleste séjour,
Car le sang de ton fils fut ton divin baptême,
Et tu pleuras assez pour régner à ton tour.

Te voilà maintenant près du Dieu de lumière;
Le genre humain courbé t'invoque la première;
Ton sceptre est de rayons, ta couronne est de fleurs.

Tout s'incline à ton nom, tout s'épure à ta flamme,
Tout te chante, ô Marie! et pourtant quelle femme,
Même au prix de ta gloire, eût bravé tes douleurs?

Cette pièce est imprimée dans le recueil des Jeux floraux de Toulouse, et le citoyen Rochefort n'a pas pu en dénier la paternité, lui qui en déniait tant d'autres. »

M. Josquin triomphait; mais, modeste dans la victoire, il continua comme s'il eût oublié ce qui s'était passé :

« Le charmant porte-crayon que vous voyez à côté de la pièce en question est un don d'amitié fait par un prince de la maison d'Orléans à M. le comte Henri, alors très-orléaniste; ces manches de lustrine sont celles qu'il portait à l'Hôtel de ville, où l'avait fait entrer et où le maintenait, en dépit de sa paresse, la protection de M. Charles Méruau, sous l'Empire, car Rochefort était très-impérialiste aussi, comme il fut très-républicain.

Je ne vous ferai pas l'historique de ces essuie-plumes, dont les uns viennent du *Charivari*, les autres du *Nain jaune*, du *Figaro* ou du *Soleil*, tous journaux de couleur différente, et dans chacun desquels il écrivit successivement avec la conviction profonde d'un homme qui les a toutes.

Le temps presse et j'ai hâte d'en finir avec ce triste héros de la Commune.

Cet homme n'avait qu'une passion, celle de la jouissance; qu'un désir, se procurer de l'or; peu lui importaient les moyens.

Il s'aperçut que ce métal se ramasse plus facilement dans la boue que partout ailleurs; dès lors, sans hésiter, il se plongea dans l'ordure pour y fouiller.

Le résultat de ces fouilles, le voici : cela s'appelle la *Lanterne,* une suite de pamphlets tissus de mensonges, d'impiétés, d'infamies et de lâchetés.

Cette honteuse publication ne lui coûta que ce qui pouvait lui rester d'honneur, pas grand'chose; mais elle lui valut beaucoup d'argent d'abord, puis, en outre, le renom du plus effronté coquin des temps modernes; elle le mit en évidence et lui ouvrit le chemin des honneurs qui mènent là où il est... au bagne.

Victor Hugo le proclama son fils, et la canaille l'adopta pour chef.

Il devint fou d'orgueil.

La révolution arriva; il fut nommé membre de ce funeste gouvernement qui devait achever de nous perdre, et reçut, comme insignes de sa puissance, cette écharpe rouge de sang.

Mais dans ce pygmée qui voulait se faire géant, il

n'y avait pas même l'étoffe d'un tribun vulgaire; les ovations de la populace étaient trop rudes pour lui, ses étreintes l'étouffaient, l'atmosphère âcre des clubs avait des senteurs trop fortes pour ce damoiseau de la *voyoucratie;* à chaque émotion il s'évanouissait comme une femmelette, le soupçon du danger le faisait tomber en défaillance.

Ce fut le héros de la pamoison.

Le flacon de sels que voici est un souvenir de cette spécialité.

Il le portait sans cesse sur lui, parce qu'il trouvait, il en est convenu lui-même, que la seule odeur de ses électeurs l'écœurait.

Pauvre jeune homme !

Il donna sa démission de membre du gouvernement.

Mais la Commune ne le lâcha pas.

Il eut beau s'enfermer dans son hôtel, se faire, en austère républicain qu'il était, servir par des laquais galonnés, ne recevoir ses lettres que sur un plat d'argent, la foule qui l'avait nommé son député avait avec lui des exigences auxquelles il fallait céder bon gré mal gré.

Pour l'amadouer, le citoyen Henri travaillait comme un forçat à confectionner des articles lâchement incendiaires, des calomnies ignobles, des dénonciations infâmes; nuit et jour il brassait des turpitudes, pétrissait des blasphèmes, et, du haut de son balcon, les jetait à la foule, qui dévorait cette pâture et recommençait à rugir.

Pendant ce temps le canon grondait autour de Paris; les Versaillais avançaient.

Plus effrayé peut-être de ses amis que de ses ennemis, Rochefort suait la peur.

Un jour il publia un article inspiré par le plus mâle courage, et dans lequel il déclarait qu'il voulait mourir sur les barricades, la poitrine percée par les balles des infâmes Versaillais.

La nuit suivante on le rattrapa fuyant sous le déguisement que vous voyez vers la Belgique.

Sa proclamation héroïque n'était qu'un moyen d'endormir la surveillance des communards.

Ce fut son dernier travestissement; peut-être en aura-t-il d'autres encore.

Aujourd'hui il porte le costume de forçat, mais il est, ne vous en déplaise, Monsieur Curiosus, redevenu dévot.

Il vient de se marier, non pas seulement civilement, mais religieusement; lui, qui voulait faire égorger tous les prêtres, il s'est jeté dans les bras de l'abbé Follet en le suppliant de bénir son union.

J'attends que le *Réveil* et le *Rappel* confirment cette bonne nouvelle pour l'édification de leurs lecteurs.

Le feront-ils?

Dieu veuille que cette conversion soit sincère et

que le citoyen Rochefort, incrédule d'abord, dévot ensuite, athée plus tard, converti aujourd'hui, ne change pas une cinquième fois de manière. »

Je remerciai M. Josquin. L'heure avançait, et je témoignai le désir d'en rester là pour cette fois ; mais déjà Curiosus, qui venait de découvrir une robe blanche de moine, avait recommencé ses questions.

Il me fallut bien encore subir l'explication d'une série.

Triste, bien triste série, la série de l'ex-père Hyacinthe, une lumière du sanctuaire éteinte par le vent de l'orgueil.

La première épave de ce grand naufrage est une modeste soutane d'abbé ; elle vient de Saint-Sulpice, nous dit notre cicérone, comme celle de M. Renan. Ce fut là, en effet, que le jeune Loyson fit ses premières études théologiques ; ce n'était pas un savant, mais une imagination brillante, trop brillante, une nature poétique, enthousiaste, malheureusement gâtée par un invincible entêtement, cette pierre de touche de tous les esprits orgueilleux.

Ses supérieurs espérèrent que la piété ferait un contrepoids suffisant à ce défaut ; après quatre années, il devint prêtre et entra comme vicaire à l'église Saint-Sulpice.

Il avait fait vœu d'obéissance, de chasteté et d'humilité ; cette triple abnégation de sa volonté, de ses passions, de son amour-propre ne suffisait pas à son zèle : il quitta sa paroisse et alla frapper à la porte des Dominicains, leur demandant de le recevoir parmi eux comme novice.

Ce fut son second changement d'habit.

Bientôt après, il se tourna du côté de l'ordre du Carmel, et, après deux années d'un nouveau noviciat, il revêtit la robe de laine blanche, après avoir ajouté à ses premiers vœux celui de pauvreté.

Une retraite prêchée au lycée de Lyon, tels furent les débuts de l'abbé Loyson devenu le R. P. Hyacinthe.

Quelques années plus tard, le carme déjà célèbre montait dans la chaire métropolitaine de Notre-Dame de Paris.

On sait quels y furent ses succès; son nom devin célèbre, les journaux parlèrent de son éloquence, son portrait fut affiché dans les vitrines à côté de celui des célébrités contemporaines.

C'est un magnifique piédestal pour une renommée naissante que la chaire de Notre-Dame, mais ce piédestal est glissant, et malheur à l'homme qui, monté dans cette chaire, se laisse aller à respirer l'odeur enivrante des éloges et des flatteries qui montent jusqu'à lui : sa chute est imminente, et la chute d'un prêtre est toujours terrible.

Loin de se défendre en se couvrant du bouclier de l'humilité contre les assauts de la vanité, le prédicateur eut le tort d'oublier le premier de ses vœux et respira l'encens mortel avec délices. Pour s'attirer de nouveaux et plus brillants éloges, il transigea avec l'esprit du siècle, aborda les sujets les plus scabreux, les traita dans un style inusité, développa les thèses bizarres, et, oubliant sa sainte mission pour ne penser qu'à sa propre renommée, ne prêcha plus pour faire louer Dieu, mais pour faire admirer le père Hyacinthe.

Ses supérieurs essayèrent de le retenir sur la pente dangereuse où le poussait l'orgueil; il résista à leurs avis, se révolta contre leur autorité et continua à s'avancer vers le précipice.

Tous les impies battirent des mains, toute la presse irréligieuse redoubla d'efforts pour rendre sa chute inévitable.

Effrayés de l'imminence du danger, le souverain pontife, les évêques, ses supérieurs lui tendirent une dernière fois la main.

Il était trop tard, le moine orgueilleux tomba.

Il tomba comme tous les anges déchus, en se révoltant contre l'autorité; il tomba comme tombent tous les hérésiarques, sans vouloir reconnaître sa faute et en faisant appel des évêques au pape, du pape au concile, du concile à Dieu, et de Dieu..... aux rédacteurs du *Temps*, du *Réveil*, du *Rappel*, des journaux protestants ou impies, à toute la presse antireligieuse.

Alors, dépouillant la robe de sainte Thérèse, il la renvoya à son père en Dieu, au souverain pontife, qui, en la recevant, versa des larmes amères et, la voyant tachée de sang et de boue, s'écria, comme Jacob quand on lui apporta la tunique lacérée de son fils :

Bestia voravit illum !

Un monstre l'a dévoré !

Ce monstre c'était l'orgueil.

Et lui, se sentant meurtri par sa chute, tendit la main à ses amis de la veille, à tous les libres-penseurs qui avaient fait tapage autour de sa chaire, pour l'étourdir ; mais, le voyant par terre, ceux-ci l'accablèrent de leurs mépris et de leurs insultes, en disant :

« Que nous veut cet homme ? nous ne le connaissons pas : s'il rêvait la fière ambition de la pensée indépendante, que ne restait-il un homme libre ? »

D'autres, comme les rédacteurs du *Réveil*, étaient plus insultants encore :

« Hommes de robes noires ou de robes blanches, vous aurez beau brûler ce que vous avez adoré et encenser ce que vous avez insulté, le divorce entre vous et nous est un fait accompli. »

D'autres encore se contentaient de le persiffler.

« Votre conscience vous l'ordonnait ? dites-vous. Soit ; mais alors, à quoi bon en prévenir les journaux, comme un ténor qui a eu des mots avec son directeur ? »

Seuls, des prêtres chrétiens essayèrent encore une fois de le relever ; mais lui, désespéré d'être tombé quand il croyait follement s'élever, n'a fait depuis qu'ajouter à sa chute de nouvelles chutes ; il avait manqué au premier de ses vœux : l'humilité ; l'orgueil lui a fait manquer au second, l'obéissance. Vous savez, Messieurs, comment il vient de se rendre scandaleusement infidèle aux deux autres, et comment il a, toujours pour ressaisir cette renommée malsaine qu'il a cru être la gloire, et qui n'est que l'ignominie publique, eu, je ne dirai pas le courage, mais le cynisme d'annoncer au monde entier son mariage avec je ne sais quelle Anglaise, mariage que la loi civile, elle-même, refuse de reconnaître.

Il paraît qu'aujourd'hui, il cherche encore des tréteaux pour battre la grosse caisse autour de son apostasie ; pauvre fou ! personne ne s'arrête à écouter les boniments de ce mendiant de renommée, et, dans sa solitude conjugale, l'ex-carme, devenu M. Loison, peut méditer à son aise ces paroles d'un journaliste qui pourtant ne se targue pas de cléricalisme :

« Il faut en prendre votre parti, mon bon monsieur, l'Eglise, quoi que vous puissiez faire, vous manquera beaucoup plus que vous ne manquerez à l'Eglise. »

Que voulez-vous, Messieurs, le métier de défroqué a ses chances : quelques-uns y font fortune, mais tous ne réussissent pas.

LES
GARGOTIERS DU LAPIN-ROUGE

Au nombre des proverbes dont la collection forme ce que l'on appelle la sagesse des nations, il en est un, et certes ce n'est pas le moins connu, qui dit :

« Dans le monde, il n'y a pas de sot métier, il n'y a que de sottes gens. »

Si le proverbe a voulu dire que tout travail peut enrichir, il est possible qu'il soit à peu près dans le vrai.

Mais s'il prétend qu'il n'y a que les sots qui repoussent certaines professions, il est absolument dans le faux.

Dans le monde, il y a des métiers honorables ; en général, ils rapportent peu.

Il y en a aussi de déshonorants, qui souvent rapportent beaucoup.

Je n'ai jamais entendu dire qu'un rémouleur eût amassé des millions en aiguisant des couteaux ou des ciseaux, tandis que je me suis laissé conter que certaines gens, qui n'étaient pas des sots, à la vérité, mais des coquins de la plus belle eau, s'étaient en quelques mois amassé des économies aussi considérables que malhonnêtes.

Si vous en doutez, allez donc consulter quelques-uns des estimables citoyens dont s'occupait dernièrement la commission des marchés.

Ces ou du moins bon nombre de ces généreux outranciers vous apprendront comment, quand on n'est pas un clérical ou, ce qui revient au même, un niais, et qu'on est fortement imbu de ce principe qu'il n'y a pas de sot métier, on peut s'enrichir en un tour de main rien qu'à vendre ou à faire acheter de vieilles ferrailles pour de bonnes armes, du carton pour du cuir, du plâtre pour de la farine, et le reste.

S'ils refusent de vous livrer leur secret, lisez tout simplement les rapports faits à l'Assemblée.

Ce dernier moyen sera même le plus expéditif, car aujourd'hui qu'il faut rendre leurs comptes, beaucoup de ces illustres citoyens, qui se posaient en administrateurs hors ligne, en capacités extraordinaires, invoquent leur incapacité notoire pour éviter une condamnation bien méritée, et cherchent à se laver les mains dans leur ignorance affectée.

C'est vrai, disent-ils à leurs examinateurs et à

leurs juges, nos marchés ne sont pas irréprochables, mais qu'y faire? nous sommes si bêtes, nous avons agi sans discernement.

— Ce mode de plaidoirie n'est pas flatteur pour le prévenu, mais, ma foi, il faut, avant tout, sauver la caisse.

Une fois le verdict d'acquittement rendu, ils reprendront leur arrogance en conservant l'argent volé.

C'est pour le coup qu'ils riront de ceux qui les ont cru niais.

Quoi qu'il en soit, le secret de faire fortune est bien plus simple qu'un clérical ne le soupçonnerait au premier abord.

Il consiste tout simplement à mettre sa conscience dans sa poche en certains cas, ou, pour plus de sûreté, à la jeter à l'eau une bonne fois pour toutes.

C'est un poids horriblement gênant pour les gens pressés d'arriver, et le mieux est de s'en défaire à la première étape.

Je crains bien que le conseil n'arrive un peu tard; hélas! le meilleur moment de la spéculation est passé.

Aujourd'hui, les Prussiens ont cessé d'avancer, la marée de l'invasion descend; de ce côté, il n'y a plus grand'chose à faire. Inutile de spéculer sur la vente des fusils si bien rayés qu'ils étaient fendus dans toute leur longueur, ou des canons qui non-seulement se chargeaient, mais encore partaient par la culasse ; personne n'en veut plus.

Le 4 septembre est passé ! Vrai, j'en suis fâché pour vous, car en ce moment il vous serait très-difficile de vous déléguer ministre, préfet, général, sous-préfet, inspecteur des camps, secrétaire général, capitaine d'habillement, voire même garde-champêtre. Nous sommes en automne, et le sol est jonché de képis à dix galons, d'habits brodés, d'écharpes et de brassards, feuilles mélancoliques arrachées par le vent de la réaction aux branches si bien garnies de l'arbre de la liberté.

La Commune est passée, et avec elle ces jours tissés d'or et de soie, où le citoyen patriote, pourvu qu'il fût coiffé du képi fédéré, pouvait aspirer à devenir, de savetier, colonel du génie ; de simple repris de justice, préfet de police ; de décrotteur, ministre des beaux-arts ; avait droit à la paresse payée, à l'ivrognerie encouragée, et, simple pétroleur, gagnait honnêtement ses dix francs par jour en mettant le feu à un palais, à une église ou à un musée.

Vous avez manqué toutes ces bonnes occasions, et l'infâme Assemblée, en refusant de se dissoudre, malgré l'éloquent discours dans lequel Léon le Grand lui criait de la tribune : « Ote-toi de là que je m'y mette, » dissipe mes dernières espérances, ou plutôt les ajourne.

Car, patience, tout n'est pas fini.

La ville de Cahors a souscrit, à elle seule, *trente-six sous* pour l'impression et la diffusion par milliers du discours de l'ex-ministre de toutes choses et de quelques autres encore.

Nul doute que la chambre ne soit prochainement renversée.

En attendant, il faut vivre cependant, et quoique le métier de casseur de pierres ne soit certainement pas plus sot qu'un autre, comme il est beaucoup plus fatigant qu'aucun de ceux que recherchent les vrais républicains, je suis heureux, si vous êtes un des purs serviteurs de la modeste et chaste Marianne, de vous indiquer une position, peu rétribuée peut-être, mais qui a ses avantages :

Enrôlez-vous dans l'honorable légion des gargotiers du Lapin-Rouge.

C'est une bonne maison, croyez-moi, un peu sale, à la vérité, un peu repoussante, mais qui a l'avantage de vous mettre en évidence et qui, à la première révolution, vous donnera toutes les facilités désirables pour vous élancer un des premiers à l'assaut de quelque grasse sinécure.

Et puis là, autour des fourneaux, vous vous rencontrerez avec une quantité de grandeurs déchues, de généraux et de préfets à la réforme, de Cincinnatus par force, dont la fréquentation et les leçons contribuent puissamment à former la jeunesse de l'avenir.

Comme gargote, le Lapin-Rouge est le véritable idéal du genre, un établissement culinaire qui laisse à cent piques au-dessous de lui, et le fameux restaurant du *Hasard de la fourchette*, où, pour deux sous, chaque client avait le droit de lancer, par trois fois, dans un chaudron rempli d'un liquide noir et gluant, une longue fourchette de fer, qui tantôt ramenait un fond de chapeau graisseux, tantôt une tête de canard agrémentée de ses plumes et de son bec; et ces bouges fameux par leurs spécialités de fritures de pommes de terre malades, de gibelottes de lapins étiques surpris la nuit sur les gouttières, et de soupes faites avec des trognons de choux cueillis au coin des bornes par le crochet d'un chiffonnier.

Oh! oui, la gargote du Lapin-Rouge est bien autre chose que cela; seule, l'odeur qui s'échappe des cuisines où ses effrontés gâte-sauces manipulent leurs mets invraisemblables, suffirait pour la faire classer parmi les établissements insalubres.

Certes, ce ne serait pas à tort, car, dans chacune des casseroles qui bouillent sur ses fourneaux, la police la moins clairvoyante découvrirait assez de vert-de-gris pour empoisonner tous les habitants d'une ville.

Empoisonner une ville, allons donc! ce serait bien la peine! une ville ce n'est rien, c'est un département, c'est la France, c'est le monde entier qu'il s'agit d'empoisonner.

Et ils y arriveront, les gargotiers du Lapin-Rouge, si les honnêtes gens les laissent faire et si une bonne loi ne vient pas leur défendre la vente publique de leurs produits vénéneux et leur distribution à domicile.

Car elle est admirablement organisée pour corrompre tout ce qu'elle peut atteindre, cette société d'empoisonneurs publics, qui ne se propose rien moins que de corrompre, de pervertir, de démoraliser les masses sous prétexte de les régénérer.

Ses principaux laboratoires, ses maisons-mères, si je puis parler de la sorte, se sont établies dans les grands centres, là où les ouvriers sont en plus grand nombre, là où les misères sont plus poignantes, où la paresse, la haine, l'envie, la débauche et l'ivrognerie ont le plus d'adeptes : c'est là que la gargote du Lapin-Rouge, ou, si l'on préfère un autre nom, la presse ultra-radicale, a ses principaux organes.

Mais cela ne suffirait pas à sa propagande, il lui faut des échos dans ce que l'aristocratie démagogique appelle dédaigneusement la province, et de çà et de là elle a des succursales qui vivent de ses rebuts et remanipulent ses restes pour les répandre dans les cabarets et se former une clientèle d'imbéciles, dont elles exploitent la vaniteuse sottise pour s'en faire des abonnés.

Se faire des abonnés, hélas !

C'est le sort le plus doux, le plus digne d'envie...

Seulement n'y arrive pas qui veut,
Surtout dans la misérable province,
Pas même à Paris...

Demandez plutôt au *Nouveau Père Duchêne*, au *Journal de la Canaille*, au *Journal de la Commune*, au *Réveil*, à l'*Affranchi*, au *Vengeur*, à toutes ces feuilles écarlates qui apparurent, apparaissent, apparaîtront et aussitôt tombèrent, tombent et tomberont, ni plus ni moins qu'aux premières gelées les feuilles d'automne, dont elles ont la maladive couleur.

Et combien d'autres qui vivotent au jour le jour, et dont chaque mois de nourrice fait pousser de mélancoliques soupirs à leurs... protecteurs, peut-être même à leurs pères adoptifs !

On peut bien avoir le zèle de l'apostolat : mais on est homme, quoique citoyen dévoué à la libre pensée ; et quand douze fois par an il faut décaisser au lieu d'encaisser, on finit par se rappeler malgré soi la douloureuse exclamation du bouc fourvoyé au fond d'un puits.

Ce n'est pas tout de boire, il faut sortir d'ici.

Boire ! parbleu, on ne boit que trop ; mais sortir, voilà le *hic*.

Demandez au citoyen...

Je m'arrête, il n'y a rien que je déteste autant que l'indiscrétion ; ne lui demandez donc rien à ce pauvre homme ; croyez-vous que cela l'amuse ?

Mettez-vous un moment à sa place, et vous m'en direz des nouvelles.

Tout le monde n'a pas la chance du directeur de la *Lanterne :* il est vrai qu'à lui seul il faisait la cuisine de sa gargote et qu'il n'avait pas de sérieuse concurrence.

Aussi ce mode d'exploitation l'a conduit rapidement à la fortune et ailleurs.

En général, la cuisine d'une officine ultra-radicale est plus compliquée.

Si vous voulez vous boucher le nez bien hermétiquement, je vais vous faire descendre un moment dans cet égout; cela vous rappellera les promenades qui furent un moment à la mode dans le grand collecteur.

En général, on ne consomme pas à l'intérieur de la gargote.

On se contente d'y cuisiner.

La cuisine faite, on sert à la portion et l'on porte en ville, voire même à la campagne.

Les locaux n'ont donc pas besoin d'être vastes. Ils le sont plus ou moins, suivant que les souteneurs de la boutique sont plus ou moins riches, plus ou moins généreux.

Dans le cas où ils ne sont pas trop regardants aux écus, l'officine prend de grands airs qui, je vous assure, ne visent pas le moins du monde à l'égalité démocratique.

Il y a des tapis dans l'escalier, des laquais en livrée à la porte, un huissier dans l'antichambre.

Monsieur le directeur, un citoyen riche s'appelle toujours Monsieur, gros comme le bras, porte des gants gris perle, la raie à la nuque, et à la boutonnière un œillet de belle nuance ponceau, qui a le double avantage d'être un symbole politique et aussi de simuler de loin, dans la rue, le ruban de la Légion d'honneur.

Car on ne dédaigne pas le ruban, sous le règne de l'aimable Marianne, même quand, pour l'obtenir, il a fallu pendant vingt ans lécher les bottes de l'infâme pouvoir.

Ne voit pas qui veut monsieur le décoré, ou faux décoré ; et, pour être admis dans son cabinet luxueusement meublé, capitonné comme le boudoir d'une petite maîtresse, frais en été, chaud en hiver, et toujours embaumé du parfum des cigares à trente centimes, si ce n'est plus, il faut avoir des titres réels à cette haute distinction, être au moins préfet du 4 septembre, principal actionnaire de la feuille garance ou appartenir à l'aristocratie des condamnés politiques.

Une pièce beaucoup plus accessible, puisque non-seulement les gratte-papier, assis à leurs pupitres, derrière leur grillage, vous accueillent à leur guichet par les sourires les plus flatteurs, mais qu'on vous y pousse au besoin par les épaules, est le bureau des abonnements.

Quelle onction dans ces simples mots :

« Citoyen, veuillez passer à la caisse. »

Rien que le charme de cette invitation vaut un abonnement de six mois.

Si cependant vous voulez voir mieux encore, abonnez-vous pour un an.

On vous appellera *Monsieur*, et le caissier vous priera de *vous remettre* (se remettre, en français démocratique, signifie s'asseoir), pendant qu'il préparera votre reçu.

Si vous voulez connaître la cause de ce redoublement de politesse, sachez que, dans le premier cas, vous ne représentiez que 30 francs, et que dans le second vous en valez 60.

Juste le double; or, apprenez qu'en république, un homme de 60 francs, représentant deux citoyens à 30 francs, s'appelle tout naturellement Monsieur, comme 1 et 1 s'appellent 2, comme 2 et 2 s'appellent 4.

Simple affaire d'addition.

Autrefois il y avait des monarchistes qui écrivaient sur leur blason : « Tout pour l'honneur et par l'honneur; » les paladins de Marianne sont plus pratiques, et ils ont adopté la devise :

« Tout pour l'argent et par l'argent. »

Il est vrai qu'ils se gardent bien de l'écrire, de le dire ou même de l'avouer.

Qu'importe? l'épreuve est faite depuis longtemps,

tous les gargotiers du Lapin-Rouge, depuis monsieur le chef jusqu'au citoyen gâte-sauce, sont à la fois vendus, à vendre et toujours à revendre.

Opinions, conscience, journal, simple affaire d'addition.

Après le bureau d'abonnement, où l'on prend avec tant d'empressement le nom, l'adresse, et surtout l'argent des consommateurs, vient la cuisine proprement dite, ce que, dans les fabriques de brioches, on nomme le laboratoire, et en style de gargote, la salle de rédaction.

Au milieu s'allonge une table immense, recouverte d'un tapis vert, surchargée de brochures, de journaux, de papiers, d'encre et de plumes.

Dix cuisiniers viennent chaque jour s'asseoir autour de cette table, tous artistes dans l'art de manier les casseroles et d'assaisonner les sauces.

Dans le nombre, quelques-uns connaissent à peu près le français, la plupart n'en ont qu'une teinture plus que légère ; en général, leur ignorance est telle qu'on ne comprend pas bien pourquoi ils relèvent leurs cheveux en cornes au lieu de les allonger en oreilles, ce qui serait bien plus naturel ; mais tous se croient passés maîtres dans l'art de politiquer, de penser et d'écrire.

A les entendre, car ils sont non moins bavards que vaniteux, Bossuet n'est auprès d'eux qu'un pauvre clérical, Racine et Pascal des médiocrités ;

quant à Louis Veuillot, il faut voir comme ils l'*éreintent* et tournent en ridicule le goupillon qui lui sert de plume. Rien ne les amuse autant, assurent-ils, que lorsque ce sacristain leur consacre un de ses articles.

Cela arrive rarement, il faut l'avouer; M. Veuillot n'estime pas que ces bourdons importuns vaillent un coup de plume; quelquefois pourtant il daigne s'occuper des plus gros et des plus venimeux et les cloue à sa feuille cléricale, comme un entomologiste pique avec une épingle une grosse mouche venimeuse sur un carton.

Ce jour-là, s'ils rient, ils rient jaune.

D'autres qui se posent en fier-à-bras ne parlent que de leur épée.

L'épée, c'est leur *ultima ratio*.

En parole, ils sèment le carnage autour d'eux, rien ne leur résisterait dans le monde; ces *forts en gueule* sont en même temps les gens les plus chatouilleux du monde; ils ne cessent d'aboyer et de montrer les dents; ils demandent raison par les armes, envoient même leurs témoins et ne dédaignent pas d'annoncer *urbi et orbi* qu'ils exigent satisfaction, et que, plutôt que de renoncer à leur légitime vengeance, ils poursuivront *jusqu'en Chine* l'insolent qui a osé parler d'eux sans respect.

Pour se débarrasser de ces outranciers du duel, il n'y a qu'une ressource, se retourner et leur montrer la botte ou le bâton.

Paf! les voilà à plat ventre, tout prêts à déclarer qu'ils sont pleinement satisfaits des explications données, et au besoin disposés à vous faire des excuses.

Deux ou trois leçons à la Cassagnac infligées à ces pourfendeurs, leur ont donné à réfléchir; et si quelques-uns d'entre eux veulent bien aller jusqu'à la provocation, pour la forme, c'est à la seule condition que le provoqué déclarera ne pas vouloir se battre.

S'il lui arrive d'accepter le duel... alors... eh bien! ma foi, alors... eux refusent.

Non pas que le cœur leur manque... oh non !... c'est uniquement pour contrarier la mauvaise tête cléricale.

Le plus beau c'est lorsqu'un de ces beaux fils cherche à abriter sa couardise derrière sa *conscience* ou sa *dignité d'écrivain.*

Vraiment il leur arrive d'employer ces mots en parlant de leur propre personne; quand je dis que ces gens-là ne comprennent pas le français!

Est-ce assez évident?

Cette fine fleur de la radicaille se recrute parmi les déclassés, les avocats en disponibilité, les fruits secs de toutes les écoles, les professeurs laïques en rupture de ban, l'état-major de l'illustre Garibaldi, les inventeurs des chars hussites et des camps roulants, les aspirants à la députation, les vaniteux oisifs, les ambitieux, les incapables, les mécontents et les hargneux.

Un beau bouquet de nullités que ce tour de table.

Une exposition très-réussie d'ignorance, de bêtise et d'outrecuidance.

Rien qu'à voir les cuisiniers on devine facilement ce que doivent être les plats qu'ils préparent.

Mais quelle que soit l'aptitude des gargotiers de la presse, quelque grande que puisse être leur bonne volonté, ils ont besoin de viandes, de légumes, de gibier et de poisson pour faire leur cuisine.

Aussi tous les matins les pourvoyeurs arrivent-ils pour verser chacun sa hottée de cancans, de fausses nouvelles, de vieilles calomnies, de mensonges usés jusqu'à la corde et ramassés dans les ruisseaux de la rue ou sous les tables des cafés borgnes.

Cela fait déjà un joli petit tas d'ordures.

Puis vient la correspondance autographique, mais certes pas orthographique, écrite par les frères et amis : dénonciations anonymes, récriminations haineuses, insinuations malveillantes, anecdotes scandaleuses, discours solennellement bête du citoyen X., âneries philosophico-historiques du citoyen Y., comptes rendus des séances d'une union démocratique quelconque, échos de toutes les bêtises dites ou seulement pensées par un ramassis d'imbéciles qui se croient de fortes têtes.

C'est le tas numéro 2.

Un cuisinier spécial est affecté au triage de ces insanités, mission de confiance s'il en fut jamais,

mais on ne peut plus dangereuse, à cause des émanations qui s'échappent de ces matières peu premières.

Ce service, considéré comme métier insalubre, use rapidement le condamné au dépouillement de la correspondance patriotique.

Après un an au plus d'exercice, il est au moins idiot.

Il est vrai qu'en commençant il l'était presque.

Le tas numéro 3 se compose de journaux de toutes les nuances et de tous les pays; le fouilleur affecté au département des imprimés est orné de grands ciseaux, avec lesquels il découpe les articles ou faits-divers qu'il juge les plus appétissants pour les abonnés de la gargote.

Rien n'est plus facile que ce genre de rédaction, mais l'office de coupeur, s'il ne demande pas une grande habitude d'écrire, exige en revanche une connaissance parfaite des goûts des consommateurs.

Les trois tas faits, chacun tire à lui ce qui lui convient, allume son fourneau et prend la queue de sa poêle ou de sa casserole.

Le menu n'est pas compliqué et rappelle, sauf la couleur, le brouet noir des Spartiates.

La viande préférée est le canard, ordinairement faisandé.

La racine de prédilection, la carotte.

Il ne s'agit plus que de composer la sauce, dans laquelle doit entrer le plus possible de moutarde, de vinaigre et même de fiel.

Messieurs du cabaret et de la barrière aiment par-dessus tout le poivre, en littérature comme en trois-six, et veulent qu'un alinéa de journal ait la saveur d'un petit verre.

Il s'agit de les servir selon leur goût, qui ne peut être qu'excellent, puisque ce sont des abonnés.

Pour arriver à ce but, un homme honnête serait assurément si empêché, qu'il ne manquerait pas de jeter le manche après la cognée et de sortir de la salle en se bouchant le nez.

Les artistes du Lapin-Rouge n'ont pas ces faiblesses ; ce n'est pas la boue qui les effraye, ils ont toujours vécu dans cet élément, et l'odeur de la pourriture fait dilater leurs narines.

Aussi, loin de les rebuter, ce travail de manipulation dégoûtante a pour eux un attrait tout singulier, car à défaut d'autre science, ils possèdent à fond l'art d'accommoder les vieux restes.

Quelle habileté pour préparer le jésuite à la sauce qu'ils croient piquante, et qui n'est que nauséabonde, et à présenter, comme un plat tout nouveau, l'histoire vingt fois réchauffée du R. P. Boniface, histoire qui, bien entendu, n'est qu'un conte.

Comme ils s'entendent à faire sauter dans la poêle

une friture de cléricaux, à épicer leur premier Paris, Lyon ou Marseille, de citations prétendues historiques, qui ne sont que de vieux mensonges !

Ce premier Paris est le morceau capital, la pièce de résistance, le superbe canard rôti aux carottes rouges, celui que les ivrognes fortes têtes dégustent avec un recueillement solennel.

Quant aux plats sucrés, ceux qui font pleurer de tendresse les ivrognes qui ont le vin tendre, ils ont aussi leur place sur la carte du jour; les pâtissiers qui les pétrissent n'emploient dans leurs préparations que la pure farine, le sucre, le miel et le lait.

Leur plume est un robinet d'orgeat, quand ils travaillent à cette pièce montée qui tantôt est l'éloge de Garibaldi et autres, hélas! de cette trempe, tantôt l'apothéose de l'Italie une, les douceurs de l'amnistie, les gloires de l'exil, et autres lourdes brioches du même style dans le genre pétrolo-pleurard.

Le dessert se sert au rez-de-chaussée de la feuille communarde, où les friandises littéraires portent le nom de feuilleton.. En général, c'est immonde sous prétexte d'être spirituel, et d'une platitude à effrayer tous autres que d'honnêtes pétroleurs qui, obligés de renoncer à leurs pinceaux et à leur art, se réfugient dans les consolations philosophiques et littéraires élaborées par les barbouilleurs de papier, rivaux des Vermesch et des Marotteau.

Mensonges, obscénités, sottises, basses flatteries au pouvoir qu'ils détestent, adulations intéressées à la lie de la canaille des vices de laquelle ils vivent : voilà les éléments sur lesquels ils travaillent à leurs fourneaux pour en fabriquer ces pâtisseries gluantes et empoisonnées qu'ils jettent à la foule, comme un os à un chien hargneux pour s'en faire suivre.

Rien ne les arrête dans leur croisade intéressée pour le mal.

Honneur, conscience, patriotisme, sont pour eux des mots vides de sens.

« Mentez, mentez sans cesse, leur a dit leur grand chef Voltaire, celui auquel ils ont fait élever une statue par souscription avec l'argent des autres; mentez comme de beaux diables, il en restera toujours quelque chose. »

Et ils mentent à tant la ligne, ils mentent effrontément parce qu'il leur en restera des sous et des francs, de quoi payer leurs chopes, leur absinthe, leurs cigares et leurs jouissances les plus ignobles.

Et ils chauffent leurs fourneaux, ils brassent leur ignoble pâtée, ils se plongent jusqu'aux coudes dans leurs purées d'infamies, ils baissent les prix de leur poison pour les mettre à la portée de toutes les bourses, ils se font une concurrence effrénée pour empester la France de leurs produits.

Rien ne leur coûte en fait d'infamies : il y a des sous à gagner.

Périsse la France, périsse le monde, s'il le faut, mais que les gargotiers du Lapin-Rouge s'enrichissent.

Oh! le beau, l'honorable métier que celui d'empoisonneur public.

MOUSTIQUES EN ÉTÉ

PUNAISES EN HIVER

En fait d'insectes, je ne sais rien de plus dégoûtant que les punaises, rien de plus odieux que les moustiques.

En fait d'hommes, je connais quelque chose de plus complet, les radicaux, quelque nom qu'ils se donnent d'ailleurs : socialistes, communards, libres-penseurs ou libres-voleurs, partisans n'importe à quelque titre d'un système qui puisse porter le nom de République.

Par nature, tous ces porteurs de bonnet rouge, qu'ils soient pris en dedans ou en dehors du bagne, sont également insolents et poltrons, bouffis ou plats, moustiques ou punaises ; et si parfois ils semblent pencher plus d'un côté que de l'autre, on peut être assuré que les circonstances extérieures auxquelles savent si bien se prêter et se plier les épines dorsales républicaines, sont seules causes de cette anomalie.

Car, pour ces citoyens comme pour les insectes, tout dépend de la saison ; les uns comme les autres ont leurs transformations successives.

On ne naît pas orateur, a dit un grand écrivain, on le devient ; on ne naît pas radical non plus, mais on finit par y arriver. Pour cela, il faut seulement que la chaleur propice du *beau soleil de thermidor* favorise l'éclosion des œufs déposés dans le fumier, ou vienne métamorphoser en insecte parfait la larve du radical endormi dans n'importe quelle fermentation putride.

Certaines personnes ont le grand tort de croire que les radicaux font les révolutions ; c'est tout le contraire qui arrive, ce sont les révolutions qui font les radicaux, comme l'occasion fait le larron.

Après quoi, il y a tant de ressemblance entre les deux produits, qu'il ne faut pas s'étonner trop si le mode d'incubation est le même.

Une révolution, au moins en France, est un événement en quelque sorte spontané, à coup sûr inattendu, dont personne ne s'étonne plus que ceux qui en sont la cause première.

Car, en réalité, ces gros bourgeois bien pansus, qui se croient libéraux parce qu'ils sont bêtement incrédules, aiment au fond tout gouvernement stable, qu'il s'appelle Charles X ou Louis-Philippe, Cavaignac ou Napoléon III.

S'il leur arrive de faire de l'opposition, c'est uniquement pour montrer qu'ils sont le peuple le plus spirituel de la terre; que, le cas échéant, ils peuvent forcer la main au pouvoir qui leur donne la paix, la sécurité, la fortune; auquel ils sont fatigués de n'avoir rien à reprocher; et c'est sur ce beau prétexte qu'ils se montent la tête et se mettent un beau matin à lui lancer des bâtons dans les jambes.

Surpris à l'improviste, le gouvernement fait un faux pas suivi d'une chute. Il n'en faut pas davantage pour qu'une foule de gens qui, hier, aspiraient de toute leur force à se faire admettre dans sa police secrète et qui, à coup sûr, rampaient à ses pieds, se mettent à vociférer : « Nous sommes de vieux républicains, des martyrs de la tyrannie, les émancipateurs de la liberté humaine; place aux héros ! » et ils se hâtent de fondre sur lui, la pompe et le suçoir en avant, pour se gorger de son sang comme un nuage de mouches acharnées sur un animal expirant au bord d'un chemin ou dans le fond d'un fossé.

Oh! quel beau jour que celui-là, pour l'éclosion des moustiques !

Le soleil est chaud, la saison est favorable, tout sourit à messieurs les radicaux; ils s'agitent en tous sens, ils assiègent tous les ministères, se costument comme pour une descente de la Courtille, s'empanachent, se pomponnent, s'épaulètent, passent autour de leur abdomen une sous-ventrière rouge, coiffent les képis légendaires, ceignent les colichemardes qui les font ressembler au capitaine Fracasse, et chaussent des éperons qui leur donnent un faux air de coqs de combat.

Si j'étais fabricant d'uniformes ou de costumes officiels, je me procurerais un buste en plâtre de Marianne, et avec la pointe de mon aiguille, je graverais sur le socle :

« A la providence des costumiers, un tailleur reconnaissant. »

Robes rouges ou noires, habits brodés, écharpes, brassards, pantalons galonnés, chapeaux à plumes, bonnets phrygiens : tout leur est bon pour déguiser leur nullité tapageuse.

Ah ! c'est pour eux que, comme la charte en 1830, le proverbe : *L'habit ne fait pas le moine* sera désormais une vérité.

Quels généraux, quels magistrats, quels administrateurs pour rire, si ce n'était pas pour pleurer !

Le plus curieux c'est qu'une fois déguisés, ils se prennent au sérieux et n'aperçoivent pas le très-long bout d'oreille échappé de dessous la peau du lion qui sert à la travestir.

Ils vont, ils viennent, ils s'assemblent en conseil, ils délibèrent longuement, ils pérorent, ils écrivent, ils promulguent des lois, font des décrets, prennent des arrêtés, ordonnent, défendent, lancent des proclamations, débitent des harangues, irritent l'oreille par leurs bourdonnements qui ne se taisent ni jour ni nuit, et se croient importants parce qu'ils sont importuns.

Eternelles mouches du coche, qu'ils imaginent diriger et qu'à chaque instant ils mettent en danger de verser, ils sont tout à la fois ridicules et odieux.

Ridicules par ce qu'ils disent, odieux par ce qu'ils font.

Car s'il y a loin, comme on le dit, de la coupe aux lèvres, il y a bien plus loin encore des paroles d'un radical à ses actes.

En général, les uns sont juste le contraire des autres.

Lorsque vous entendrez un pur parler de probité, surveillez vos poches ; quand il fait appel au désintéressement patriotique, gardez-vous bien de verser votre bourse dans la caisse publique, dont vous pouvez tenir pour certain qu'il s'est déjà procuré une fausse clef. Chez lui, éclairer les masses veut dire les empêcher de s'instruire ; tolérance signifie persécution religieuse ; vérité est synonyme de mensonge, et mensonge, de vérité.

A les entendre cependant ils ont toutes les vertus.

Surtout n'allez pas croire que, parce qu'ils n'ont rien appris, ils soient ignorants ; l'ignorance est l'apanage des cléricaux : quant à eux, non-seulement ils sont savants, mais infaillibles; rien ne les étonne ni ne les surprend, et c'est sérieusement qu'il s'en rencontre qui, au nom de la liberté de conscience, demandent la RÉVOCATION DE L'ÉDIT DE NANTES. D'autres, comme le singe de Lafontaine, prennent le Pirée pour un homme dont ils se disent les amis.

Un commissaire radical de la marine s'indignait naguère en apprenant, par le rapport d'un capitaine, qu'à l'approche d'un orage les matelots étaient montés prendre un ris dans les vergues.

« Ce n'était, dit-il avec énergie, ni le moment ni le lieu de prendre du riz. »

Ah! mon Dieu, beaucoup d'officiers gambettistes, et leur ministre tout le premier, ont commis des bévues non moins ridicules, ce qui n'empêche pas qu'alors, comme aujourd'hui, comme demain, un radical n'a pu, ne peut et ne pourra se tromper.

Aussi les grands citoyens ne parlent-ils qu'*ex cathedra* : il faut croire, il faut obéir, il faut adorer, et cela sous peine de mort.

Gare à celui qui oserait les contredire! eût-il été leur ami comme le malheureux Chaudey, auquel l'aimable Rigaud brûla la cervelle pour lui enseigner le respect, ils feront un exemple.

Que voulez-vous? avant tout vous devez respecter les chefs qui consentent à vous imposer leur volonté; fussiez-vous dix, fussiez-vous cent, fussiez-vous même mille, peu importe; si vous leur déplaisez, ils sonneront leur valet de chambre et lui diront :

« Fusillez-moi ces gens-là.

— Quoi ! douze cents hommes?

— Parbleu ! certainement, et faites vite. »

Oh ! ce n'est pas plus malin que cela.

Et cette petite rigueur coûte si peu à leur tendre cœur, que quelques mois plus tard, quand, de moustiques, ils sont redevenus punaises, si quelqu'un a l'indiscrétion de leur demander : « Avez-vous réellement donné cet ordre? » ils répondent :

« Ma foi, c'est bien possible, mais franchement je ne m'en souviens plus. »

Fusillez-moi ces gens-là, c'est si simple.

C'est la formule d'excommunication lancée par l'Église rouge.

Les grands prêtres de Marianne en usent avec une facilité et une désinvolture charmantes.

« Fusillez-moi ce Chaudey, envoyez-moi ce capitaine Chenet aux galères, en prison ces réactionnaires, à la rue du Haxo ces Versaillais, à la Roquette ces otages, à la rue du Rosier ce général; allons ! qu'on en finisse avec cette canaille ; fusillez-moi ces douze cents mobiles, et qu'il n'en soit plus question. »

C'est si vite dit, après dîner, entre la poire et le fromage; et puis il faut bien faire son important, son général, son législateur, son géant de 93. Agir autrement serait voler les appointements qu'on se donne.

Et comme ce qui est bon à prendre est bon à garder, tous ces moucherons venimeux s'agitent, enfoncent leur aiguillon, aspirent leur gorgée de sang, boivent à longs traits, puis s'envolent pour décrire, sans s'éloigner de la victime, deux ou trois cercles en bruissant : « Guerre à outrance ! pas un pouce de nos frontières ! pas une pierre de nos forteresses ! Soyez austères ; que chacun donne sa vie pour la république ; pas de dispense, pas de distinction. »

Puis la parade achevée, la promenade au tambour et au trombone terminée, les grands austères (... Rome alors admirait leurs vertus), les grands courageux (connus plus tard sous le nom de « Machine en arrière »), les grands probes (dont la commission a dernièrement apprécié les comptes à leur juste mérite), les grands patriotes (qui marchandaient si peu la bourse et la vie des autres), en un mot tous les illustres retournent à la curée chaude, replongent leurs aiguillons et recommencent à boire.

Malheureusement ils ne sont pas les seuls à avoir soif, loin de là.

Marianne, la rouge cabaretière, n'a pas autant de bouteilles pleines que d'adorateurs vides, et quoiqu'elle fasse de son mieux pour rassasier tout son monde, il se rencontre pas mal de frères qui ne trouvent pas suffisant de voir boire les amis de la première couche pour se sentir désaltérés.

Aussi bien, les premiers attablés leur crient avec colère :

« Faites silence, ne bougez pas ! la République est le meilleur gouvernement puisque nous sommes ses ministres, ses préfets, ses généraux, ses pique-assiettes et ses parasites ; laissez-nous boire à votre santé, nous gonfler à l'aise ; demeurez tranquilles, ou bien, au nom de l'égalité et de la fraternité dont nous sommes les apôtres, nous serons forcés de vous faire... »

Mais bah !... l'odeur du vin et la vue du repas sont peu faites pour calmer les impatients ; aussi, loin de se taire, ils bourdonnent à leur tour et forment en murmurant au-dessus des repus un nuage d'affamés, qu'en langage républicain on appelle la seconde couche sociale.

Entre ces deux couches, dont l'une veut garder la place prise et la seconde prendre la place gardée, il n'y a d'autre ménagement que celui d'une terreur mutuelle.

Mais cette frayeur finit elle-même par se lasser.

« Fusillez-nous ces faméliques ! » crient les radicaux de la première heure, devenus conservateurs à la seconde.

« Pétrolisez-nous ces accapareurs qui s'engraissent de la sueur du peuple ! » vocifèrent les derniers arrivés.

Et les voici aux prises, se déchirant, s'entr'égorgeant avec fureur, toujours entre républicains; car c'est une chose remarquable que jamais il ne se soit rencontré gens mieux disposés pour mitrailler la vile canaille, que ceux qui, la veille, l'encensaient à deux genoux pour obtenir ses suffrages.

Les braves gens, quand ils trouvent Marianne trop rouge et qu'ils craignent un transport au cerveau, ils lui font une large saignée.

Cela s'est vu en 1791, en 1848, en 1871, toutes les fois qu'il y a eu une république.

Eh! mon Dieu, c'est la seule chance qui reste au malade; que deviendrait-il, si les moustiques qui l'épuisent ne se dévoraient pas mutuellement?

Au milieu de la bagarre, arrive quelqu'un qui prend un balai et menace de s'en servir; la débandade est générale, la peur a produit un effet magique, le coup de baguette est complet.

Le nouveau maître, étonné, regarde autour de lui, dans la salle du banquet; plus le moindre bruit, plus de moustiques, plus rien..., rien que des punaises.

Juste autant de punaises qu'il y avait de moustiques.

Les suceurs de sang ne se sont pas éloignés, ils n'ont fait que s'aplatir pour se cacher plus facilement et continuer leur métier en l'exerçant furtivement.

LES
AVALEURS DE CRAPAUDS

Il n'y a plus à en douter, le siècle est en progrès, et le temps n'est peut-être pas bien éloigné où le ciel, réalisant en faveur des hommes les promesses du grand prophète Victor Considérant, les gratifiera d'un appendice caudal terminé par un œil largement épanoui.

Oh! je n'exagère rien; je constate seulement avec bonheur les pas de géants faits par notre société dans ces trois dernières années.

Tenez, pour vous en donner une idée, permettez-moi de vous citer un exemple pris dans l'estimable et surtout si nombreuse corporation des jongleurs, acrobates, pitres et autres saltimbanques politiques, qui, au 4 septembre, s'abattirent sur la France comme une nuée de sauterelles.

Voici qu'ils viennent de faire un pas en avant, et, pour retenir les imbéciles autour de leurs tréteaux, d'ajouter un nouveau tour à leur répertoire.

Jusqu'ici nous avions vu jongler tour à tour :

Les avaleurs d'étoupes enflammées,

Profession usée jusqu'à la corde et excitant à peine la curiosité non payante des polissons en rupture d'enseignement d'instruction laïque obligatoire;

L'homme sauvage ou nègre de Batignolles, barbouillé de suie et de cirage, coiffé de plumes de coq et payé à raison d'un franc cinquante par jour pour arracher une poignée de poils à un lapin et s'en emplir la bouche, au plus grand effroi des badauds étonnés de la férocité de cet antropophage autorisé par M. le maire.

Mais depuis longtemps le cannibale, reconnu par la foule pour avoir fait partie de la garde nationale en qualité de tambour, a perdu tout son prestige.

Après l'homme sauvage sont arrivés successivement les charmeurs de serpents, les avaleurs de sabres, de charbons ardents ou de verre pilé; Indiens plus ou moins apocryphes, qui, au temps de l'Exposition universelle, firent courir tout Paris, mais que la grande parade des avocats sauveurs de la patrie a relégués dans le troisième dessous et plongés dans les oubliettes de l'indifférence publique.

Jamais peut-être descente de la Courtille n'eut un succès comparable à celui qu'obtint la mascarade sanglante de la Commune ; tous ceux qui y prirent part directement ou indirectement s'y enrichirent de la ruine de la France.

Heureusement pour elle, malheureusement pour eux, cette écœurante orgie dura peu, et il se fit une réaction contre les impudents bandits qui trafiquaient de nos désastres préparés par leur avide égoïsme.

Il fallut les arracher par la force à la curée et employer contre eux la baïonnette et le canon.

Plutôt que de lâcher prise, plusieurs se firent tuer sur place, comme ces vautours qui, gorgés de sang, se laissent assommer à coups de bâton sur les cadavres dans lesquels s'incrustent leurs serres.

D'autres furent pris, emprisonnés, jugés, transportés le plus loin possible de leur victime. D'autres, infiniment plus nombreux, se hâtèrent de s'enfuir et de se cacher à l'approche de la police.

Ils jetèrent là écharpes d'un rouge trop vif, képis compromettants, insignes dénonciateurs de toute sorte, se déguisèrent en bourgeois inoffensifs, et, après avoir, pendant quelques mois, mis à l'abri leur propre personne d'abord, et ensuite l'or qu'ils avaient volé, reparurent peu à peu, costumés à la Tartuffe, niant toute participation avec leurs frères égarés, mais s'apitoyant sur leur malheureux sort, et réclamant, au nom de l'humanité outragée par d'inutiles rigueurs, amnistie pleine et entière pour les victimes de l'infâme commission des grâces.

Cette attitude honteuse révolta les honnêtes gens, et parmi ceux que ces gredins déguisés attaquaient le plus perfidement, il se trouva des hommes qui osèrent leur arracher leurs masques.

Des commissions se formèrent, qui interrogèrent le passé de ces patriotes intègres, de ces défenseurs des saintes libertés, de ces valeureux guerriers dont le sang avait coulé sur dix champs de bataille, de ces soutiens ardents de la veuve et de l'orphelin, de ces apôtres de la paix et du pardon.

Et il se trouva que ce passé si pur était un cloaque immonde, un bourbier visqueux; que ces avocats de la justice avaient leurs dossiers judiciaires bourrés de condamnations, que ces soldats de la liberté étaient des déserteurs, ces patriotes intègres des voleurs, et que s'ils demandaient le retour des bêtes fauves de la Commune, c'était pour se donner le pouvoir de faire le mal avec impunité.

Il semble qu'en pareille circonstance, il ne restait à ces êtres dégradés qu'à vite emporter leur or volé et à aller au loin cacher leur infamie; mais ils étaient même au-dessous de la honte; ils demeurèrent donc là où ils étaient, et plutôt que de renoncer à leurs espérances avides, ils préférèrent, suivant le conseil d'un de leurs chefs, qui fut aussi l'un de leurs plus parfaits modèles, se faire, jusqu'à nouvel ordre, AVALEURS DE CRAPAUDS.

Avaler des étoupes, simple affaire d'escamotage.

Avaler des charbons ardents, jonglerie de même espèce.

Mais avaler des crapauds, quel métier !

N'y réussit pas qui veut; car, pour cela, il ne suffit plus d'avoir le gosier considérablement large et l'épiderme plus ou moins insensible. Il faut, avant tout, s'être débarrassé, jusqu'au dernier atome, de ce que l'on appelle l'honneur le plus vulgaire et le moins chatouilleux.

Encore n'est-ce pas tout !

Il faut être blindé d'ignominie, se sentir si bas plongé dans la boue, que le mépris public, eût-il beau s'abaisser, passera toujours par-dessus la tête du coupable; s'avouer à soi-même qu'on est infâme, se réjouir de cette découverte et en profiter pour s'en couvrir contre les conséquences de sa propre turpitude.

A ces conditions, mais à ces conditions seules, le métier d'avaleur de crapauds sera utile et profitable; car il permettra à celui qui l'exerce de demeurer ferme, inébranlable, impassible dans telle ou telle position d'où, au défaut de la loi, la réprobation publique avait jusqu'à présent suffi pour débusquer l'être le plus abject.

Arrivé à ce point de dégradation morale, l'avaleur de crapauds n'a plus qu'à se renfermer dans sa honte, comme une huître dans sa coquille, et laisser passer sur sa tête, sans s'en soucier, les vagues de la réprobation publique.

Désormais, quand n'importe sous quelle forme une accusation déshonorante lui arrive à la tête, s'il ne peut pas détourner le cou, il ouvre la bouche et avale le crapaud.

Pour un éloge, le corbeau de Lafontaine laissait tomber sa proie.

Il n'y a ni éloge, ni injure qui fasse lâcher la sienne à l'avaleur de crapauds.

Remarquez qu'à l'entendre, car il a encore l'imprudence de crier haut et fort, personne n'est aussi chatouilleux que lui sur le point d'honneur.

Certes, si quelqu'un l'accusait à tort d'avoir passé dans telle rue, quand il se trouvait dans telle autre, il pousserait des cris de paon, enverrait par huissier sommation à l'inoffensif imprudent de se rétracter, et demanderait aux tribunaux une indemnité de dix mille francs.

Oh! c'est qu'il n'entend pas plaisanterie sur ce qui, de près ou de loin, peut porter atteinte à sa considération, savez-vous?

Si un septuagénaire quelconque ou un enfant, ou même toute personne que, pour un motif ou pour un autre, il est assuré ne pas vouloir se battre, met à sa charge quelque peccadille bien authentique, vite, vite, des témoins, une provocation, un vacarme à tout rompre dans les journaux, des lettres de capitaine Fracasse, des airs superbes, des menaces à effrayer les vivants et à faire trembler les morts.

Cela s'est vu, cela se voit, cela se verra encore.

A la rigueur même, il accepterait un duel à l'épée avec un paralytique : les dangers ne sont pas grands, et cela pose.

Mais ne craignez rien de semblable si l'homme qui a tenu la plume est prêt à tenir une épée.

Dans ce cas, le duel n'aura pas lieu. L'avaleur remet son épée de Tolède dans son fourreau et intente un procès à l'écrivain assez véridique pour l'avoir appelé voleur, et..... l'avoir prouvé.

La justice n'admet pas la preuve, et condamne l'honnête homme à cinq francs de dommages en faveur du coquin, qui, malgré son triomphe, après la plaidoirie, se frotte les côtes en disant à ses amis : « Il ne devrait pas être permis aux avocats de la partie adverse de s'occuper de ma vie privée; ce scélérat de Z... a raconté sur moi des choses très-désobligeantes. »

Désobligeantes, je le crois bien. Il a profité de l'occasion pour faire savoir au bon public, que le pur, le probe, l'intègre citoyen qui se recommande aux sympathies et *aux respects* de tous les partis, est possesseur fort illégitime de ce qu'il appelle sa fortune, mais propriétaire on ne peut plus légitime d'un casier judiciaire, si bien fourni qu'il n'est pas nécessaire de le secouer fortement pour en faire tomber une douzaine de condamnations pour..... escroquerie.

Pauvre homme !

Je ne m'étonne pas s'il se plaint qu'on s'occupe trop de ses petites affaires.

Le titre d'escroc est moins flatteur que celui de préfet ou de général. Après quoi, que voulez-vous ? Il fut un temps, qui n'est pas encore bien éloigné, où tout cela se tenait de si près, qu'il était bien permis de confondre.

L'escroquerie était un moyen de parvenir, et la position élevée un moyen de mieux escroquer.

Tout cela n'empêche pas que le métier d'avaleur de crapauds ne soit un métier vraiment désagréable.

Le seul bon côté que je lui connaisse, c'est de servir aux poltrons de police d'assurance contre les coups d'épée et les balles de plomb; quelquefois même de rapporter de cinq à dix francs à la suite d'un procès en diffamation, où la loi oblige le juge à supposer que l'offensé a au moins pour cinq ou dix francs d'honneur. Appréciation évidemment des plus exagérées.

Eh bien ! malgré ce petit profit, qui n'est pas à dédaigner, je connais bon nombre de citoyens qui préféreraient qu'il n'eût pas été question du dossier.

C'est qu'aussi il y a crapauds et crapauds, comme il y a fagots et fagots ; il y en a qui se servent sur une feuille de papier, et que le destinataire peut avaler à son heure, à domicile, comme un purgatif: mais il en est d'autres qui s'administrent moins poliment, avec la main sur la figure, avec la canne sur les épaules, et ailleurs avec le pied.

En général, cela se passe en public, et quand l'encaisseur est un de ces fiers-à-bras qui s'en vont cherchant querelle à tout venant et se posent en tranche-montagne, cette publicité non recherchée rend la digestion du crapaud plus pénible.

Oh! si cela s'était passé en aparté, ce serait bien différent : un coup de brosse ou une légère lotion d'arnica auraient suffi, et personne ne se serait douté que... *c'en était un.*

Mais quand la correction a été administrée en pleine rue, quand les lunettes ont volé d'un côté et le chapeau de l'autre dans un bureau de tabac, quand le veston démocratique a été épousseté au beau milieu d'un café,

Que faire?

Réclamer cent sous par huissier?

Mauvaise affaire; ces avocats ne respectent rien, pas même les secrets des dossiers, et alors, au lieu d'un crapaud, il en faut avaler une dizaine, à cinquante centimes pièce, juste le prix des premières fraises, et pas aussi bon.

Exiger une réparation par les armes?

Eh! sans doute, ce serait le mieux, si les fleurets n'étaient pas si pointus; mais ça pique, et le démoc a horreur du sang à lui appartenant.

Dire que l'on méprise son adversaire et que...

C'est un cliché hors d'usage.

Que sa conscience.....

Mais avant-hier on a provoqué un paralytique, et d'ailleurs l'on fait profession de n'avoir pas de conscience.

Que l'on est au-dessus de certaines injures et que...

C'est une excuse, mais le public, qui vous a vu envoyer vos témoins à un vieillard, coupable d'un rapport très-modéré ; le public, qui vous a vu monter votre grand cheval de bataille, faire flamboyer votre épée à deux mains et vous élancer en criant : « Place aux fils des preux ! » se dira peut-être, en lisant l'article que M. Paul de Cassagnac vous décoche, comme il vous cinglerait le visage avec sa cravache :

« Oh ! mon Dieu, que va-t-il arriver ? Le sang va couler à flots. Pauvre M. de Cassagnac, je ne donnerais pas cher de sa peau.

— Qu'est-ce donc ? qu'est-il arrivé ?

— Eh quoi ! vous ne savez donc pas ? C'est une affaire terrible, ce malheureux s'est mis sur les bras les terribles D....., E....., G....., grands pontifes de la démocratie, les trois Horaces de Marseille, le trio des *tombeurs* de la Cannebière.

— Vraiment, il aurait osé les insulter ?

— Oh ! Monsieur, cela fait frémir, il les a traités de *porcs* (sauf votre respect) en les appelant par leur nom.

— Eh bien ! et puis ?

— Et puis ? c'est un homme mort, Monsieur, un homme qui n'a qu'à faire numéroter ses os, s'il tient qu'on les remette en place ; ne savez-vous pas que, pour infiniment moins, ils ont provoqué M. D..., le rapporteur de la commission ?

— Un jeune homme connu pour bien manier l'épée ?

— Non, un vieillard qui se sert d'une canne... pour marcher.

— Ah ! très-bien, soyez sans inquiétude ; la digestion sera peut-être pénible, mais ils en viendront à bout.

— Vous croyez que tout cela se terminera par un déjeuner ?

— Oui, un déjeuner, mais à trois seulement ; un repas sans bruit, sans éclat, dont la viande des porcs, servis par le rédacteur du *Pays*, fera les frais. Ces gens-là sont, avant tout, *radicalement* prudents ; ils feront, soyez-en sûr, ce que font tous les jours leurs amis les pourfendeurs en paroles : ils se découperont le crapaud et l'avaleront. Il y en a assez pour trois.

— Ce Cassagnac n'est donc pas vieux ?

— Non, il est jeune, au contraire.

— Ah ! diable !... et peut-être connaît-il l'escrime ?

— C'est un des premiers tireurs de Paris.

— Oh ! alors, vous m'en direz tant...

— Vous voyez qu'il est plus que probable qu'ils l'avaleront.

— Qu'ils avaleront Cassagnac?

— Non... le crapaud. »

Parbleu, s'ils l'avaleront! ils en avaleraient bien d'autres; ils se doivent, avant tout, à leur parti; et d'ailleurs ils ne font qu'accomplir le programme de Grenoble. L'illustre Gambetta l'avait dit :

« Nous aurons des crapauds à avaler. »

Que la digestion leur en soit légère!

LES CROCODILES SENSIBLES

J'ai lu, si ce n'est dans le *Livre des merveilles* du sire de Mandeville, au moins dans quelque géographie fantastique de la même époque, qu'en Afrique, « au pays des Égyptians, proche la seconde cataracte du Nil, habitent, parmi les roseaux, d'énormes lézards de trois toises et plus de longueur, de figure difforme et mœurs sanguinaires, dont le seul métier est, quand ils ne dorment pas étendus au soleil sur la vase chaude, de guetter les hommes ou les animaux qui se hasardent sur les bords du fleuve, pour s'en saisir et les dévorer. »

Cette détestable habitude des crocodiles de tous pays nous étant depuis longtemps connue, le récit du géographe n'aurait rien de particulièrement intéressant, si le voyageur, après avoir prouvé sa connaissance des livres saints, en cherchant à démontrer que ces lézards cuirassés comme chevaliers et armés de plusieurs rangées de dents plus pointues et tranchantes que dagues et miséricordes, ne sont autre chose que le léviathan de la Bible, n'ajoutait que :

« Nonobstant leur aspect farouche, leur voracité insatiable et la dureté telle de leurs écailles, que point ne saurait la percer un robuste archer de son vireton le plus aigu, ces animaux féroces sont pourtant pourvus d'une très-étonnante et exquise sensibilité. »

« A ce point, continue le naïf conteur, que souventes fois les ai moy mesme ouys geignans ou se lamentans es rozeaux, poussans des sanglots qui semblent mugissements de bœufs, et versans ainsy qu'il m'a été assuré larmes qui jaillissent du pertuys de leurs yeuz, comme de pommes d'arrosoirs. »

Pauvres petits crocodiles ! qui aurait cru qu'ils eussent à ce point le don des larmes et que le remords eût tant de puissance sur leur cœur sensible ?

Toutefois, si émus que vous soyez vous-même de cette contrition, ne vous hâtez pas d'aller témoigner de trop près votre sympathie à ces pécheurs repentants.

Vous vous en mordriez les doigts, et eux vous mordraient autre chose ; car, poursuit notre naturaliste :

« Maintes foys, au dire de mes guides, gens réputés pour leur prudhomie et grande honnêteté, aucuns voyageurs trompés par l'effusion de ces larmes, et s'assurant que ces gémissements ne pouvaient provenir que de cœurs vrayement marrys de tant de crimes et assassinats, s'estant voulu approchier des spélunques es quelles se retirent ces grands lézards, furent eux-mesmes saysys et méchamment dévorés par ces traîtres et hypocrites qui pleurent, non par douleur vraye de leur péchié, mays par feintise pour eng*ign*ier les trop crédules et bien et commodément se remplir le ventre en les dévorant. »

Et en terminant ce récit, il ajoute :

« Or donc, il se faut bien tenir en garde en ce pays du Nil, qui par fortune est peu étendu, et en dehors duquel point n'y a de crocodiles. »

Hélas ! depuis le sieur de Mandeville, l'espèce des crocodiles sensibles s'est singulièrement multipliée, et ce n'est plus aux cataractes du Nil qu'il est nécessaire de faire une excursion pour les rencontrer.

On en trouve énormément dans les broussailles et les ajoncs de la libre-pensée, de l'incrédulité et du radicalisme, sur les bords du Rhône comme sur ceux de la Seine, sur ceux de la Garonne comme sur ceux de la Loire.

De même que ceux du Nil, ils aiment à se cacher, non pas dans des roseaux seulement, mais parmi les ajoncs les plus épais, les plus épineux, les plus embrouillés d'une sophistique hypocrite et déclamatoire.

Plus tartufes que Tartufe, ils ont la bouche remplie de mots sonores, de protestations d'amour pour le genre humain, de patriotisme, d'abnégation; ils ne pensent qu'à eux, ne travaillent que pour eux, et volontiers plongeraient leur patrie dans les plus effroyables malheurs, dans l'espoir de profiter des calamités publiques.

Loin de les effrayer, l'infamie les attire; c'est leur élément; ils s'y vautrent avec volupté, comme les caïmans dans la fange.

Chez eux, on ne sait quel vice l'emporte, ils les ont tous au suprême degré : les plus honteux sont cependant ceux qui paraissent convenir le mieux à leur ignoble nature.

Ils ont le cœur moins sanguinaire que boueux.

Que le hasard leur donne le pouvoir avec l'assurance qu'ils seront les plus forts, et aussitôt ils se font Commune, commettent tous les crimes, décrètent toutes les monstruosités, se plongent dans les plus dégoûtantes orgies.

Insolents, parce qu'ils croient n'avoir rien à craindre, ils mêlent l'insulte à l'assassinat; non contents de tuer, ils traînent dans la boue et répandent dans leurs journaux cette bave infecte, tache immonde au bas de laquelle plus immondes encore s'étalaient les signatures des Vermesch, des Maroteau, des Pyat, des Delescluze et de toute cette lèpre du bagne à laquelle Dieu, pour punir plus sévèrement la France coupable, permit de remplacer pendant quelques mois la peste et le choléra.

Bien pires que ces fléaux qui frappent au hasard bons et mauvais, ceux-ci s'acharnent surtout sur les bons, quitte à s'entre-dévorer plus tard pour s'arracher mutuellement d'entre les dents quelques sanglants lambeaux.

A quoi bon répéter ce qu'ils ont fait, alors que les blessures de la France sont encore ouvertes?

Un jour la société, outragée par cette tourbe de valets de bourreaux, qui la souffletaient, se leva contre eux; ils étaient nombreux et bien armés, mais ils étaient lâches comme le sont tous les scélérats, et ils fuirent à l'étranger, ou, prisonniers de cette armée de Versailles à laquelle ils prodiguaient l'insulte, ils vinrent, en mentant honteusement, bassement, ignoblement, en niant comme des écoliers pris en faute, balbutier devant leurs juges des excuses et donner au monde la mesure de leur poltronnerie écœurante, après lui avoir donné celle de leur férocité.

Mais ils n'étaient pas seuls; ils avaient hors de Paris où ils s'étaient sottement laissé enfermer, des amis, des complices, des admirateurs, des rivaux en scélératesse.

Ceux-ci, au moment où la Commune triomphait,

avaient à demi retiré le masque ; la voyant vaincue, ils le remirent aussitôt, et, quoique retardés par ce changement de travestissement, arrivèrent encore assez à temps pour féliciter le gouvernement vainqueur et lui dire : « Voyez si nous ne sommes pas vos amis, nous voici venus les premiers pour vous serrer la main. »

C'était une manière habile d'aller se cacher dans les roseaux.

Une fois là, et ils y sont encore, mais déjà prêts à en sortir les dents plus aiguës qu'auparavant, ils commencèrent à pleurer leurs larmes de crocodiles.

« Pitié pour nos frères égarés ! gémissent-ils tous avec un accord parfait ; pitié pour des patriotes coupables d'un trop grand dévouement à la plus sainte des causes ; pitié, au nom de l'industrie que paralysera le manque de bras ; pitié pour les pères de famille arrachés aux bras de leurs femmes et de leurs enfants, pour des jeunes hommes qui ne demandent, en expiation de leur erreur, qu'à répandre leur sang pour la défense d'une patrie qu'ils ont tant aimée ! »

Et les pages succèdent aux pages, et les plaintes aux plaintes, et les larmes continuent à couler en l'honneur de ces bandits, sur la scélératesse desquels comptent les faux pleureurs pour arriver à leur tour au pouvoir et dévorer ceux qui auront eu la sottise de se laisser prendre à leur feinte douleur.

Pour atteindre leur but rien ne coûte à ces verseurs de larmes, si odieusement froids quand il s'agit de leurs ennemis, si sensibles dès que leurs intérêts sont en jeu.

Étaient-ils assez insolents, assez lâchement railleurs, le jour du grand assassinat de Castelfidardo? Avec quelle expression de joie insultante ils parlaient de ces paladins de la papauté, qui avaient osé faire à la révolution italienne une barrière de leur poitrine! Ils n'avaient pas assez d'ironies pour bafouer le saint vieillard, chef auguste de la chrétienté, le frapper au visage et montrer ce grand vaincu au monde, en s'écriant :

« Voici le pape catholique ! le pape découronné ! *Ecce homo !* »

Mais lorsque, plus tard, une armée composée du rebut de toutes les nations, ayant à sa tête cet inepte et vaniteux paillasse, ce croquemitaine cuirassé de flanelle qu'on appelle Garibaldi, vint insolemment attaquer Rome, et à la première décharge d'un régiment français prit honteusement la fuite, en laissant derrière elle quelques pilleurs d'églises couchés sur la poussière, oh ! alors, quels gémissements, quelles lamentations, quel chœur de crocodiles, poussant dans les roseaux les mêmes cris de désespoir que l'inconsolable Rachel faisait entendre dans Rama, et s'écriant, à la manière des chœurs grecs :

« Aïe ! aïe ! hélas ! hélas !

« Quelle douleur transperce mon âme!

« Aïe ! Aïe ! hélas ! hélas !

« Pourquoi ces héros, fleur du printemps démocratique, ont-ils succombé ? »

Ah ! si Garibaldi eût triomphé et si les Français avaient fui en semant la plaine de morts, les crocodiles se seraient montrés plus philosophes, philosophes comme ils le furent quand leurs amis de Paris assassinèrent les dominicains d'Auteuil, massacrèrent les otages, commirent les plus épouvantables forfaits.

Ce jour-là, ils n'applaudirent pas peut-être, mais assurément ils ne pleurèrent point : il ne s'agissait que de religieux, de prêtres, d'un archevêque, d'un premier président, rien que d'honnêtes gens, c'est-à-dire de ces gens qu'un radical déteste doublement comme une critique de sa conduite et un obstacle à ses desseins.

Ils réservaient leurs larmes pour les vaincus des barricades, pour ces pétroleurs auxquels il a fallu faire tomber à coups de canon la torche incendiaire avec laquelle ils brûlaient nos églises, nos monuments, les glorieuses archives de notre histoire, et avant tout leur compromettante biographie contenue dans les casiers judiciaires de la préfecture de police, sous la rubrique : assassins, voleurs, forçats en surveillance, etc.

Et maintenant ils pleurent sur la perversité des carlistes espagnols, sur les atrocités commises par les cabécillas et les crimes inventés par eux sur le compte du curé Santa-Cruz; mais sur les infamies authenthiques des radicaux espagnols, sur les assassinats, les vols, les brigandages des frères et amis de Madrid, de Barcelone, de Malaga, pas un mot.

Prisonniers massacrés dans les rues, exécutions sommaires, partage de biens, spoliations sacriléges des églises, qu'est-ce que cela ? Pures peccadilles d'enfants, gentillesses de la petite sœur dont le grand Hugo a salué avec tant d'enthousiasme la naissance pleine de promesses.

Après quoi, ils ont tant à pleurer ces sensibles crocodiles que, s'ils s'affligeaient de tout, « les pertuys de leurs pommes d'arrosoir » n'y suffiraient pas, et que leurs journaux se changeraient en cascades salées. Car non-seulement ils pleurent parce qu'ils sont émus, mais surtout ils *pleurent* pour émouvoir et « engaigner autruy », comme dit notre voyageur. Ils pleurent comme d'autres pipent à l'affût pour attirer le gibier dans leurs filets.

Ils pleurent sur le coup terrible porté par le dogme de l'infaillibilité au catholicisme auquel ils veulent tant de bien;

Sur le despotisme des évêques, sur la condition précaire du bas clergé, de ce clergé pour lequel ils montrent en toute circonstance tant de sympathies, de si touchantes sympathies, qu'afin sans doute de venir en aide aux curés de paroisse et à leurs vicaires, en les soulageant d'une partie de leurs occupations, ils ont inventé l'enfouissement civil et le mariage à la commune seulement.

Quels cœurs d'or !

Oh ! ce n'est pas tout.

Ils pleurent sur l'ignorance du peuple et réclament avec sanglots pour lui l'éducation gratuite, obligatoire et surtout laïque.

Oui, surtout laïque, car ils reconnaissent avec une douleur profonde que les frères des Écoles chrétiennes sont bien au-dessous de la sublime mission de républicaniser le peuple en lui enseignant *ses droits*.

Et le robinet coule toujours.

Ils pleurent sur le sort du soldat, la sévérité outrée de la discipline, l'incapacité des chefs; ils réclament pour ces victimes de l'arbitraire le droit à l'avancement par le suffrage universel, l'élection des officiers par les soldats et l'instruction militaire complétée par les clubs.

Et en attendant qu'ils aient obtenu ces améliorations pour leurs frères de l'armée, ils les assomment et les jettent à l'eau chaque fois qu'ils peuvent les surprendre isolés ou sans armes.

Heureusement qu'il n'est pas difficile d'y voir clair dans ces broussailles, et qu'à travers ce masque de sotte hypocrisie on reconnaît de loin les vieux crocodiles à l'affût.

On sait ce que signifie leur empressement à recueillir avec amour tous les mécontents, tous les brouillons, tous les déserteurs de l'Eglise ou du régiment.

On sait que, dans leur bouche, les mots instruction, liberté, fraternité, égalité, libre-pensée, probité, austérité, signifient ignorance, oppression, égoïsme, accaparement de toutes les distinctions, athéisme, pillage et débauche.

Pour deviner leur pensée, il n'y a qu'à prendre le contre-pied de ce qu'ils affirment, et surtout bien se garder de leur attribuer un sentiment honnête et loyal.

Comme les vers naissent et vivent de la pourriture, ils ne peuvent naître et vivre que dans et par une société corrompue.

Si la plaie dans laquelle ils grouillent redevenait saine, ils mourraient, ils le savent bien, et c'est pour cela qu'ils portent une haine irréconciliable à la religion, à l'autorité légitime, à l'armée, à la magistrature, parce que la religion, la force et la justice réunies sont seules capables de rendre la santé au corps qu'ils veulent faire tomber en dissolution, pour s'engraisser de sa pourriture.

Hier, ils se croyaient les plus forts et ils raillaient les gens honnêtes.

Aujourd'hui, ils se sentent les plus faibles et ils pleurent; ils affichent la pitié, ils implorent le pardon, et au fond de leur cœur ils ne nourrissent que haine et ne méditent que vengeance; ils font leur métier de crocodiles sensibles, à vous de vous tenir en garde et de ne jamais oublier que « ces traîtres et hypocrites pleurent, non par douleur vraye de leur péchié, mays par feintise pour engaigner les trop crédules et bien commodément se remplir le ventre en les dévorant. »

LES FAISEURS D'IDOLES

A L'USAGE DES IMBÉCILES

Il y a longtemps, bien longtemps que l'idée de Dieu gênait les artisans en corruption, en retenant les masses sur la pente du vice.

Il y a longtemps, bien longtemps que, pour se débarrasser de ce rival inaccessible, éternel, immuable, les faiseurs de révolutions, les aspirants à la tyrannie ou les tyrans, car ces trois mots ne représentent que le même homme cherchant soit à arriver au pouvoir, soit à le garder, avaient employé tous les moyens, depuis la violence ouverte qui emprisonne et tue jusqu'à l'hypocrisie qui trompe et la flatterie qui corrompt.

Il y a longtemps, bien longtemps que le métier d'ennemi de Dieu est connu, que le cri ÉCRASONS L'INFAME a été audacieusement prononcé.

Écrasons l'infâme ! c'est-à-dire, renversons la seule barrière qui s'oppose à l'envahissement de la terre par le crime et l'irréligion.

Nous n'avons pas à raconter ici les phases de cette guerre sans cesse renouvelée, où toutes les armes furent mises en usage par les ennemis de Dieu, et qui, commencée par la persécution, continuée par la corruption et la flatterie, conduite avec une astuce infernale par ce que l'on est convenu d'appeler la philosophie, aboutit à la sanglante orgie de 93, au fusillement du Christ, au brisement des images, au massacre des prêtres, à la dispersion du troupeau et à l'intronisation sur les autels profanés de cette déesse du bonnet rouge qui fut la représentation de la RAISON républicaine.

Le comble de l'orgueil personnifié par le comble de l'infamie.

De tous les ennemis de Dieu le plus tristement célèbre fut Voltaire.

Dieu lui avait donné un immense talent, il s'en fit une arme contre son bienfaiteur et par sa monstrueuse ingratitude, par le mal qu'il fit à la société mérita le titre de roi parmi les artisans de corruption du xviiie siècle.

Il était réservé au xixe siècle d'en faire un dieu.

On monte vite en grade par le temps où nous vivons.

N'avons-nous pas vu dernièrement M. Gaillard

père devenir de savetier général du génie, Rigaut passer de l'état de polisson au grade de préfet de police, des avocats se faire dictateurs, et de par le suffrage universel un piteux maître d'école de province venir représenter à l'Assemblée la ville qui se targue d'être non-seulement la capitale de la France, mais celle de la civilisation?

Il fallait bien, puisque l'incrédulité avait fait maison nette de la Providence, remplacer Dieu par quelqu'un ou par quelque chose.

Plusieurs candidats étaient sur les rangs; celui que patronnait le SIÈCLE a réussi, un million de voix recueillies dans tous les cabarets de France ont envoyé M. de Voltaire à l'Olympe radical.

Singulier effet du suffrage universel, un homme d'esprit nommé dieu par une collection d'imbéciles.

N'est-ce pas étrange?

Il est vrai qu'il eût été difficile de trouver une personnalité plus honteusement antinationale que celle de cet outrageur de toutes nos gloires.

C'est une circonstance atténuante.

L'histoire de cette élection est assez curieuse; elle montre sous son véritable jour la tartuferie inqualifiable des gens qui font le métier de chercheurs d'idoles, métier lucratif s'il en fut, mais ignoble, et qui consiste à présenter aux ignorants un prétendu grand homme, que soi-même on salue avec les marques d'un profond respect pour glisser sous son manteau un programme arrêté d'avance, et faire passer en contrebande le mandat impératif imposé par une société d'intrigants ambitieux au dieu publiquement encensé.

Cette histoire de l'apothéose de Voltaire, par ses bons amis du *Siècle*, est une véritable comédie en deux actes.

Le premier remonte à l'année 1867.

La pièce pourrait porter pour titre :

Comment les intrigants font un dieu
pour les imbéciles.

ACTE PREMIER.

Comment il faut s'y prendre pour chauffer
l'élection d'un dieu.

Que le SIÈCLE fût souffrant depuis longtemps, personne ne l'ignorait; on savait qu'il était tourmenté d'une maladie chronique, appelée voltairomanie, sorte de prurigo engendré par l'irritation continue connue sous le nom de prêtrophagie ; mais jusqu'en 1867, les éruptions d'articles avaient été assez bénignes pour ne pas faire soupçonner un danger immédiat de mort.

Ainsi, il y a quelques années, nous avions vu successivement apparaître les soporifiques tirades au sujet des reliques perdues du grand philosophe, de l'heureuse trouvaille de son cœur, sorte de viscère flétri, comme disait Henri Lasserre, que chacun s'empressa de refuser tout en saluant avec respect ; puis était venue la découverte de l'estomac, je crois, pièce anatomique la plus importante du grand penseur et organe dont il s'occupa particulièrement toute sa vie ; puis encore les estimables rédacteurs, ne rencontrant pas les autres morceaux de leur pauvre dieu singulièrement déboulonné, s'étaient unis pour passer le temps à peigner sa perruque, ranger ses cannes et épousseter sa défroque.

Malheureusement, il n'est ni si bons amis qui ne se quittent, ni si bons plats dont on ne se dégoûte, en sorte que toutes ces belles choses commençaient à ne plus produire grand effet.

Les hommes se blasent si facilement!

Rien que pour changer de nourriture et peut-être par ordre du médecin, les abonnés du siècle désertaient un à un la table épicée de M. Havin, pour essayer du menu rafraîchissant et légèrement laxatif des journaux à un sou.

L'illustre rédacteur en chef en séchait sur pieds, il maigrissait en proportion de sa recette, et ses non moins illustres collaborateurs le voyant sombre et préoccupé, secouaient tristement la tête, en disant :

« Il baisse ! »

Non ! il ne baissait pas, il cherchait ; il essayait de diverses préparations culinaires, et à chaque plat nouveau il suçait son doigt après l'avoir trempé dans la sauce, faisait une grimace douloureuse et murmurait :

« Ce n'est pas encore cela. »

Et cependant ! aux hachis de curés et aux fritures de jésuites, il ajoutait coup sur coup des remoulades d'évêques, avec une pointe d'ail, des poivrades de cardinaux à la sauce qu'il croyait piquante, hélas ! il accommodait le pape de toutes les manières avec force vinaigre. Rien n'y faisait, le plat était toujours manqué, et les fidèles continuaient en chœur, sur l'air des lampions, le désespérant : « Il baisse. »

Mais un jour, c'était en janvier 1867, M. Havin releva tout à coup la tête, son regard s'illumina de l'orgueil du triomphe et, comme Archimède, il s'écria : « Je l'ai trouvé ! »

Ce jour-là les presses du *Siècle* gémirent, et les lecteurs de bon sens se voilèrent la face.

Le lendemain, toute la France savait que le volcan du génie Havin venait de lancer sous forme d'article le plus magnifique pavé des temps modernes.

Ce pavé avait nom : *Souscription nationale à cinquante centimes, dix sous, pour l'érection d'une statue au dieu Voltaire.*

Le *Siècle* faisait appel au patriotisme éclairé de son million de lecteurs et invitait tous les futurs électeurs des citoyens Ranc, Lockroy et Barodet *à financer* à sa caisse.

L'appel était non-seulement pressant, mais sublime d'éloquence; il disait, mais en d'autres termes :

« Sur le piédestal de cette statue gigantesque, élevée dans la cour de la rédaction, où elle sera conservée sous cloche jusqu'à ce qu'un emplacement plus convenable ait été choisi, comme un des plus grandioses monuments de la bêtise humaine, on écrira en lettres d'or :

A Voltaire, notre seul Dieu,
La canaille reconnaissante.

« Chaque unité dudit million d'imbéciles, c'est-à-dire chaque lecteur habituel du *Siècle*, contribuera pour 50 centimes, le citoyen Havin se réservant seul le privilége de verser 1 franc. Total : cinq cent mille un franc en monnaie de billon.

« Cette statue, quoique un peu coûteuse en apparence, sera un placement de fonds extraordinairement avantageux ; son érection permettra de supprimer d'un seul coup tous les becs de gaz de Paris et de la province. Placée à proximité des bureaux qui lui serviront de réflecteur, l'image du grand homme suffira, à elle seule, à éclairer toute la France.

« Les cléricaux seuls seront éblouis ; quant aux jésuites, qui ne vivent que d'obscurantisme, ils se verront obligés de s'enfouir dans les catacombes, ou tout au moins de se réfugier dans les caves. »

C'était à en demeurer ahuri.

Si Voltaire, que transportait de colère la moindre raillerie, eût reçu de son vivant un aussi rude coup d'encensoir dans le visage, de la part d'un Dalimaville quelconque, il ne serait certes pas devenu octogénaire ; un accès de venin rentré l'aurait tué net.

Franchement, il y aurait eu de quoi.

Mais c'était bien de M. de Voltaire qu'il s'agissait ; allons donc, sa candidature était impersonnelle ; les libres-penseurs avaient besoin d'un gredin pour le faire dieu, en lui imposant leur mandat impératif, et s'ils avaient choisi le patriarche de la philosophie, c'est qu'ils n'avaient pas trouvé sous leur main un représentant plus complet de l'incrédulité, du mensonge et de l'égoïsme.

Aussi les articles succédèrent-ils aux articles dans le journal de M. Havin, avec une gravité pompeuse rappelant celle d'un convoi de première classe traîné un jour de pluie par des chevaux poussifs ; les plumets peuvent bien être un peu fripés, le velours montrer la corde, les galons d'argent tirer sur le jaune cuivre et un coin du suaire traîner dans la boue, mais comme malgré tout il y a pas mal de clinquant, les badauds se pressent pour admirer l'enfouissement civil et lèvent le chapeau pour saluer la parade grotesque. Les fidèles du *Siècle*, qui n'ont jamais été de fins gourmets en littérature, avalèrent le vin bleu que leur versait l'organe républicain et se grisèrent d'enthousiasme en l'honneur du grand citoyen Voltaire.

Pauvre peuple, toujours le même, ses amis prétendus lui font avaler toutes les bourdes, tous les mensonges, toutes les stupidités ; il a le gosier large, et pour peu qu'on le lui graisse avec le gros suif de la flatterie, il n'est rien qu'il n'engloutisse avec l'inepte voracité de ce dieu de l'antiquité païenne qui, croyant dévorer ses enfants, ingurgitait de grosses pierres pliées dans des chiffons.

Oui, toujours le même, toujours crédule, écoutant bouche béante ses perfides conseillers et happant au vol tout ce qu'on lui jette de plus étouffant, un Gambetta ou un Barodet, un Ranc ou un Lockroy, un gros caillou comme un morceau de pain.

Ce fut ainsi qu'on lui fit avaler Voltaire.

Il ne s'agissait que d'assaisonner le nouveau dieu à son goût.

C'est ce que fit M. Havin, ce que font chaque jour tous ses confrères en siéclerie, je veux dire toute la presse radicale.

Quand on a dit du paralytique de la place Monge :

« Ce fut un homme d'un esprit prodigieux dont il se servit fort mal, et dont il ne laissa rien à ceux qui se prétendent ses héritiers, » on en a dit à peu près tout le bien possible.

Or, je vous le demande, réduit à ces proportions, l'éloge eût-il pu provoquer la manifestation spontanée de la part du million qui, peu connaisseur, et pour cause, en fait d'esprit, se souciait fort peu de celui du grand homme ?

Les habitués seraient demeurés froids, pas un sur mille n'eût porté la main à la poche pour en retirer les 50 centimes, et pas dix sur le million n'eussent souscrit aux œuvres complètes sur beau papier promises par le *Siècle* à ses fidèles comme prix de satisfaction, mais seulement... contre remboursement.

Et voilà comment la grande protestation des libres-penseurs qui doit faire sécher sur pied les cléricaux de tout âge et de tout sexe eût échoué, ainsi que la petite spéculation industrielle qui s'abritait sous son drapeau.

Car, voyez-vous, et sachez-le bien sous peine de vous y faire piquer, il y a toujours une petite spéculation servant de doublure au désintéressement de messieurs les fournisseurs du peuple.

On aime assez à mêler l'utile à l'agréable, même dans les bureaux du *Siècle;* peut-être même les plus austères pontifes du suffrage universel prennent-ils dans l'occasion — et ils la cherchent dit-on — un droit de commission légèrement élevé.

Après quoi, quand on fournit un dieu à la patrie, c'est bien le moins de se faire payer sa peine.

Ce n'était pas si facile de faire une divinité acceptable avec ce qui restait du philosophe.

Pour reconstituer l'idole, tout autre qu'un pur ami

du peuple aurait échoué; mais il s'agissait de jouer un bon tour aux cléricaux et d'écouler avec profit toute une énorme édition de Voltaire, et, ma foi ! la rédaction du *Siècle*, fort empêchée de dire la vérité, se résigna à avoir recours aux lumières de son dieu.

Un volume de son évangile fut apporté; M. Havin piqua une épingle au hasard, et l'on ouvrit.

C'était à la page 326, tome 41 ; voici ce qu'on lut, écrit de la main de Voltaire à son ami Thiriot :

« Le mensonge est un vice quand il fait du mal, c'est une très-grande vertu quand il fait du bien ; soyez donc plus vertueux que jamais; il faut mentir comme un diable, non pas timidement, non pas pour un temps, mais hardiment et toujours. »

Toute l'assemblée des faiseurs d'idoles se regarda avec stupeur comme pour se dire :

Est-il possible que nous eussions oublié que le mensonge est notre pain quotidien? vraiment la tête nous tournait; allons, vite, vite, rentrons dans notre voie, soyons vertueux, hardiment vertueux, faisons croire au bon peuple que Voltaire lui est indispensable, que ce grand citoyen mérite les honneurs de l'apothéose.

Et aussitôt ils se mirent à l'œuvre, à battre la grosse caisse de l'enthousiasme, à souffler dans le trombone du patriotisme, à faire en un mot tout ce que nous voyons faire chaque jour par les *poufistes* radicaux, par les Barnum du bonnet rouge, par les éternels floueurs du peuple, qu'il s'agisse de lui passer à prix fort un stock de vieux rossignols piqués, tachés ou mouillés, de lui faire voter un képi d'honneur à Victor Hugo, de lui imposer une moisissure de la Commune ou de lui faire prendre un Barodet pour une lanterne.

Oh! le beau, l'honorable métier que celui de fabricant d'idoles et de grands hommes à l'usage des imbéciles!

En quinze jours, du premier morceau de boue, ces artistes du mensonge vous fabriquent une idole très-convenable en vérité, dorée au ruolz, et même au besoin se chargent du piédestal et de la pose.

Ça a de l'apparence, beaucoup d'apparence vraiment, mais ça ne tient pas à l'usage; la première pluie enlève la dorure, le piédestal s'écroule et le dieu, revenant à sa nature, fond en boue.

Mais la fourniture est payée, c'est là l'important; d'autant plus qu'en aucun cas l'argent versé n'est rendu à la porte.

En fait d'impudence il y a longtemps que la presse radicale nous a donné la mesure de ce qu'elle sait faire, mais c'est égal, l'enquête de déification et le rapport au peuple fait par la rédaction du *Siècle* à son million de lecteurs est bien un des morceaux de fourberie les plus incroyablement audacieux que j'aie jamais vus.

Il n'y a rien de tel que ces spéculateurs éhontés sur

la prodigieuse ignorance de leurs dupes pour se moquer solennellement de ce ramassis d'imbéciles ivrognes auxquels ils cassent la figure à coups d'encensoir sous prétexte de leur rendre honneur.

La bulle de déification commence par ces mots stupéfiants : *La statue de Voltaire nous manque* (notez qu'il y en avait déjà cinq à Paris); *au milieu de ce peuple qu'anime son souffle* (on sait que Voltaire était asthmatique), *qui pense de sa pensée*... Est-ce joli? Et dire qu'il n'y a pas un seul de ces intelligents lecteurs qui se soit dit : Mais que pensait donc Voltaire de moi?

Certes, s'ils se fussent posé cette question, et qu'ils eussent ouvert la prime à prix réduit, ils auraient été peu flattés de trouver ces quelques petits passages :

« *Je mourrai bientôt, et ce sera en détestant le pays des singes et des tigres où la folie de ma mère me fit naître* il y a tantôt 75 ans.

« *Il est à propos que le peuple ne soit pas instruit; il n'est pas digne de l'être.*

« *Il est essentiel qu'il y ait des gueux et des ignorants.* » Est-ce flatteur?

Et ce n'est encore que la fine fleur du panier aux compliments adressés par le candidat dieu à ses braves électeurs.

En cherchant bien, on trouverait encore mieux que cela; cette petite phrase, par exemple, que j'ai relevée dans la correspondance du grand homme, et qui ne me paraît pas fort obligeante pour certains souscripteurs :

« On ne saurait souffrir *l'absurde insolence* de ceux qui vous disent : Je veux que vous pensiez *comme votre tailleur et votre blanchisseuse.* »

Eh bien, franchement, je m'étonne qu'on ose, après une pareille impertinence, demander au tailleur et à la blanchisseuse de contribuer à l'érection d'une statue en l'honneur d'un monsieur si peu poli.

Mais bah ! des écrivassiers radicaux ne s'arrêtent pas pour si peu ; ils sautent à pieds joints par-dessus la phrase qui leur fait obstacle, et continuent, comme si de rien n'était, à célébrer les vertus républicaines de leur candidat à la divinité, de celui dont le peuple *partage les aspirations.*

Les aspirations de Voltaire, elles sont si patriotiques ! il aimait tant la France !

Témoins ces beaux vers qu'au lendemain de la défaite des Français à Rosbach, il composait en l'honneur de son vénéré protecteur et ami Frédéric de Prusse :

> Héros du Nord, je savais bien
> Que vous aviez vu les derrières
> Des guerriers du roi très-chrétien,
> A qui vous taillez des croupières.
> . . . .

Ceux qui, par un triste hasard, auront lu Voltaire,

comprendront pourquoi je ne continue pas cette citation ; je n'aime pas certaines odeurs.

Je l'ai prise au hasard dans la correspondance du grand patriote, du patriote à la façon des outranciers de 1871, qui, dût la France y périr, ne songeaient qu'à prolonger une lutte aux dangers de laquelle il savaient très-bien ne pas exposer leurs précieuses personnes, tout en s'arrangeant de manière à en tirer profit.

Eh! mon Dieu, pourquoi auraient-ils été plus patriotes que leur idole, que ce Voltaire dont toutes les aspirations doivent être les nôtres, de ce penseur qui désirait « *qu'il n'y ait point de Français qui ne tremble en voyant le portrait du roi de Prusse,* » et qui, dans l'excès de sa lâche et rampante servilité, écrivait à Catherine de Russie :

« Daignez observer que *je ne suis point Français,* mais Suisse, et si j'étais plus jeune, *je me ferais Russe.* »

Je le crois bien ; comment aurait-il pu ne pas détester la nation française?

Ce peuple sot et volage,
Aussi vaillant au pillage
Que lâche dans le combat.

Et, en particulier, ce Paris qui n'est qu'une « *grande basse-cour, composée de coqs d'Inde qui font la roue, et de perroquets qui répètent les paroles sans les comprendre,* »... où « *la canaille im-*

mense des écrivains subalternes attend des nouveautés pour faire rire ou pour gagner un écu; cette ville enfin dont les habitants passent leur temps à élever des statues et à les briser... qui ne méritent pas qu'on perde un demi-quart d'heure de sommeil pour leur plaire... et que l'uniforme prussien ne doit servir qu'à faire mettre à genoux. »

Pas mal touché, pour un pastel; mais en vérité, si le portrait nous ressemble, il n'y avait pas de quoi élever une statue à celui qui l'a tracé.

Il est vrai que les faiseurs d'idoles populaires n'ont pas, et pour cause, l'habitude d'entrer dans des détails aussi minutieux.

Le faux-monnayeur qui met en circulation un jeton de plomb doré ne l'essaye pas devant vous sur la pierre de touche et se garde bien de le faire tinter.

Ce qu'a fait la rédaction du *Siècle* pour obtenir l'apothéose de ce grand philosophe, nous le voyons faire chaque jour par les souteneurs gagés des candidats populaires à la députation.

Ces peu honnêtes lanceurs de réputations se contentent de phrases à effet, de mots sonores, de points d'exclamation, de sentences pompeuses, et de tout cela forment un tissu aux couleurs éclatantes, qui attire l'attention du public d'un autre côté, et leur permet de pousser *leur ours.*

M. Havin avait au plus haut degré cet art de cacher ce qu'il prétendait montrer, et, sachant qu'il s'adressait à un million d'imbéciles, il criait, en montrant le portrait habilement recouvert d'un tissu épais, mais éclatant :

« Est-il besoin de rappeler ce que fut, ce que voulut, ce qu'enseigna Voltaire ? » Puis aussitôt, sans se donner la peine de répondre à sa propre mais très-embarrassante question, il l'escamote comme une muscade, et d'un ton hypocritement ému, il s'écrie :

« Nous relevons de lui, nous tous qui combattons pour le droit, la justice et la liberté. »

Farceurs que ces gens-là.

Ignobles farceurs !

Ce petit tour de passe-passe est tout simplement un vol à l'américaine, à la statue ou au député.

Ah! quand on fait un métier, il faut bien en connaître les *trucs* et les *ficelles*; et quand on gagne honorablement ses cigares, ses choppes et autres dépenses moins avouables à duper le public, il est nécessaire de ne pas être à court de moyens.

Celui-ci, du reste, est l'A B C du métier, et s'est tellement employé dans les dernières élections, qu'il serait usé jusqu'à la corde par le frottement, si ce frottement n'était à peu près annulé par l'épais coussinet de bêtise et d'ignorance des citoyens du million.

Et remarquez à quel point il faut que ce coussinet soit épais, puisque le procédé mis en usage est toujours le même ; il est vrai qu'il est si commode et si portatif.

Vous alléchez votre public en lui promettant de lui montrer l'homme qui l'anime de son souffle, le fait penser de sa pensée, vivre de ses aspirations; vous faites danser vivement le portrait suspendu au bout d'une ficelle, comme cet insaisissable bonbon qu'en temps de mascarade les pierrots agitent au bout de leur ligne au-dessus de la tête des gamins; puis, au moment où le million haletant du bonheur de contempler aux vives clartés de votre génie les traits de son modèle bien-aimé, avance la tête pour regarder de plus près, vous soufflez la lanterne en disant :

« Citoyens, en voilà assez pour cette représentation; j'éprouve le besoin d'aller boire une choppe et fumer une pipe; il suffit que moi, votre guide et votre ami, j'aie vu de mes propres yeux; croyez-moi sur parole, et, en véritables coqs d'Inde que vous êtes, votez à deux mains pour mon candidat; déclarez dieu le citoyen Voltaire, le grand patriote, et surtout versez sans plus tarder les centimes demandés pour la statue, et les francs supplémentaires qui seuls donnent droit à la prime sur beau papier. »

Ainsi fit M. Havin, alors porte-plume des fabricants d'idoles et de grands hommes; puis, sous prétexte de condescendance envers ses auditeurs, il ajouta avec une bonhomie parfaite :

« *Résumons cependant sa vie aussi brièvement que possible.* »

J'ai entendu certaines personnes se plaindre que dans les procès de canonisations poursuivis à Rome, les enquêtes se font trop lentement, que les moindres actions du proposé pour la béatification ou la canonisation sont trop minutieusement examinées, jugées, pesées, critiquées.

On sent que les cardinaux veulent à tout prix éviter l'erreur et tiennent à ce que la cause soit parfaitement éclairée.

Voilà pourquoi ils vont lentement.

Messieurs du *Siècle*, auxquels il paraissait au contraire très-urgent, pour la réussite de leur projet, qu'il y eût *beaucoup de gueux et d'ignorants* qui ne sussent pas quel était l'homme dont ils devaient payer la statue, se pressaient de résumer sa vie, c'est-à-dire de bien enfoncer dans l'ombre tout ce qui pouvait dégoûter même des lecteurs du *Siècle*.

Vrai, c'est chose curieuse d'étudier les procédés de mensonge employés par les panégyristes des plus grands scélérats.

Pas un fait précis, pas une date, pas un nom; un épais abattis de mensonges, de mots ronflants et vides, d'allégations sans preuves, un roulement de tambour émaillé de grosse caisse et de tam-tam qui étourdit, un brouillard qui rend tout confus, et à travers lesquels on entraîne à toute vapeur lecteurs ou auditeurs sans leur donner le temps de se reconnaître ou, s'ils veulent prendre haleine, en leur cinglant les jambes de quelques-unes de ces expressions : patriotisme, liberté, tolérance, qui produisent le même effet que le hip ! hip ! de l'écuyer, accompagné d'un coup de fouet, au milieu du cirque.

Il faut lui rendre justice ; dans cette circonstance le grand pontife du futur dieu Voltaire se surpassa. Il avait annoncé un résumé de la vie de son héros : il prononça un violent réquisitoire contre *le despotisme religieux* et *le despotisme politique, le roi soleil, l'intolérance ;* il dépeignit, en termes émus, l'état de barbarie dans lequel la société se trouvait plongée par *le bigotisme ;* parla *des enfants enlevés à leurs familles, des pères condamnés au bagne pour avoir refusé d'abjurer ; ceux qui restent traités en parias, ne pouvant ni vivre, ni se marier, ni mourir en adorant Dieu selon leur conscience ; la justice barbare, vénale, privilégiée ; le peuple sans droits, sans lois protectrices, foulé, volé, sans espoir de secours ; au-dessus, une société légère, corrompue, blasée.*

En écoutant toutes ces belles choses, les lecteurs du *Siècle* s'écarquillaient les yeux et ouvraient la bouche comme des portes cochères.

L'orateur profita de la circonstance et s'écria :

« Enfin Voltaire se leva ! »

Tous tombèrent à genoux et adorèrent.

Allons ! pensa le précurseur des trompe-badauds modernes, je tiens mon affaire ; il sera dieu et j'écoulerai mon édition de rossignols à prix fort ; continuons à *les empoigner.*

Et il ajouta :

« *Pendant soixante ans sa vie ne fut qu'un combat.* »

Le pauvre homme, il dut joliment se fatiguer à ce métier, et je ne m'étonne pas qu'il ait pris en horreur le pays des singes et des perroquets.

Enfin n'importe, cela est son affaire ; la nôtre est de nous édifier sur la manière dont ses panégyristes écrivent l'histoire et font leur métier de lanceurs de candidatures.

Écoutez, c'est un professeur laïc qui parle :

« *Génie immense, encyclopédique, il embrasse tout : philosophie, poésie, histoire, lettres, sciences, et tout cela servit au grand but qu'il se proposait, la défense de la justice et de la vérité.* »

La vérité ! le mot y est en toutes lettres. Oui, il fit tout servir à la défense de la vérité, tout et particulièrement le mensonge, qui *est une vertu quand il est utile.*

Pas mal en réalité, et ses disciples ne manquent jamais de pratiquer cette vertu, nous en avons la preuve tous les jours.

Mais n'interrompons pas.

« *Les droits de la conscience et de la raison contre l'ignorance et le fanatisme lui parurent, à juste titre, mériter la première place. Ceux-là conquis, les au-*

tres doivent en découler. Il eut contre la superstition, l'orgueil clérical et l'intolérance, ces haines vigoureuses qu'Alceste réclamait contre le vice. Il les combattit sans relâche, sans craintes des dangers et des persécutions.

Allons, bravo ! de mieux en mieux ! le courage de Voltaire !!! c'est un mensonge de la belle eau, une perle d'impudence à monter en épingle.

Voltaire courageux ! Eh bien ! vrai, je ne l'aurais pas soupçonné après avoir lu ce petit passage d'une lettre que peu après la publication de son *Dictionnaire philosophique*, des infamies duquel la conscience publique commençait à s'émouvoir, l'auteur écrivait à l'un de ses plus intimes amis :

« *Dès qu'il y aura le moindre danger, je vous prie en grâce de m'avertir, afin que je désavoue l'ouvrage dans tous les papiers publics avec ma candeur et mon innocence ordinaires.*

En français cela s'appelle le cynisme de la lâcheté; dans la langue des écrivains radicaux et des orateurs de clubs c'est du courage, du courage de radical bien entendu, de cette espèce de courage qui faisait briller les outranciers par leur vélocité au premier rang des fuyards.

Pour nous, qui donnons au mot courage une acception tout opposée, nous trouvons que la lâcheté la plus immonde transsude à travers tous ses écrits, et que, pour peu qu'on exprime cette éponge de fiel, de bassesses et de menteries, l'ignominie s'en échappe par tous les pores.

Quoi ! c'est après avoir flétri avec tant d'indignation les mœurs corrompues de la société au temps de Louis XIV et de Louis XV, que l'orateur-moraliste s'écrie :

Enfin Voltaire se leva !

Oui, il se leva, non pas pour flageller cette société, mais pour s'en faire le panégyriste.

M. Louis Blanc n'est pas un clérical, je pense ; or voici ce qu'il écrit :

« On sait jusqu'à quel point Voltaire fit descendre, à l'égard des grands, l'humilité de ses hommages, dans quelles puériles jouissances la faveur des cours retint sa vanité captive...... On sait qu'il fit de Louis XV un panégyrique où l'excès de la flatterie touchait au scandale ; qu'un jour, s'adressant à ce roi, le dernier des rois, il osa l'appeler Trajan ; que le duc de Richelieu, héros des roués fastueux et libertins à la mode, l'eut pour courtisan ; que dis-je ? pour familier...... qu'il se mit aux pieds des favorites, même de celle qui, devenue la royauté, en déshonora l'agonie.

Le siècle de Louis XV et l'histoire de Pierre le Grand furent plus qu'une basse flatterie : c'était une lâcheté préméditée. En brûlant son encens devant deux femmes éhontées, Catherine de Russie et la Pompadour, Voltaire poursuivait un but : se cacher derrière la force pour injurier la faiblesse, se faire valet pour pouvoir être plus maître, entourer le vice d'adulations intéressées, pour insulter sans péril la religion qui le proscrit, rire des malheurs de la France, s'affliger de ses succès, célébrer ses défaites, conspuer ses gloires les plus pures et commettre à l'aise cette infamie que madame de Staël appelle quelque part un crime de lèse-nation, en souillant de sa boue immonde l'illustre vierge dont l'héroïsme avait délivré la France du joug de l'étranger.

Les Anglais n'avaient osé que brûler Jeanne d'Arc; Voltaire fit plus que cela, il viola sa mémoire!

Il appartenait aux libres-penseurs d'élever une statue à cet homme immonde et d'en faire leur dieu.

Il était digne d'eux, ils sont dignes de lui.

Je serais honteux d'écrire seulement le nom du libelle dégoûtant commis par Voltaire, mais certaines circonstances qui en accompagnèrent la publication méritent d'être connues des adorateurs du grand fétiche en perruque; elles donneront la juste mesure de son courage si à propos célébré.

Au xviii° siècle comme au xix°, il se trouvait de ces libraires qui spéculent sur le scandale pour gagner leur écu, cet écu qui fait commettre tant de bassesses et tourner tant de consciences. Le libraire dont je parle se nommait Grosset, il était de Lausanne; un exemplaire de l'ignoble poëme était tombé entre ses mains, il songeait à l'imprimer.

Voltaire n'eût pas mieux demandé que de l'y autoriser, car il aimait passionnément l'argent; mais il eut peur, ne se sentant pas encore assez fort pour se rire de l'indignation publique.

Intrépide champion de la vérité, il se hâta de désavouer son œuvre, et pour écarter tout soupçon, il poussa le courage du mensonge jusqu'à accuser l'éditeur du crime que lui-même avait commis. Grosset, effrayé, avait quitté Lausanne pour Genève; Voltaire l'y poursuivit de ses audacieuses accusations et écrivit au syndic de la ville :

« Je fus saisi d'horreur à la vue de cette feuille qui insulte *avec autant d'insolence que de platitude* à tout ce qu'il y a de plus sacré. Ni vous, Monsieur, ni le magnifique conseil, ne permettront des ouvrages et des *calomnies si horribles*, et en quelque lieu que soit Grosset, j'informerai les magistrats de son entreprise, qui *outrage également la religion et le repos des hommes.* »

La fin de cette ignoble comédie fut l'emprisonnement du libraire et son exclusion de Genève.

Cette punition était encore trop peu de chose aux yeux du champion de la vérité et de la justice, car peu de temps après, il écrivait :

« Il ne me reste que de prier M. Grosset à dîner, dans un de mes petits castels, et *de le faire pendre au fruit. J'ai heureusement haute justice chez moi;*

je ne l'ai pas chez vous, et si M. Grosset veut être pendu, il faut qu'il ait la bonté de faire chez moi un petit voyage. Franchement, je crois que j'ai fait à merveille d'avoir des créneaux et des machicoulis; j'étais trop exposé aux prêtres et aux libraires. »

Est-ce assez honteux? ou faut-il encore des exemples de la glorieuse manière dont « *il combattit sans relâche, sans crainte des dangers et des persécutions?* »

Oh! ne croyez pas que la matière me manque; l'histoire édifiante de Voltaire, histoire appuyée sur des preuves tirées de ses propres écrits, remplirait facilement un volume. La vie de ce roi de théâtre ne fut qu'une longue et dégoûtante comédie.

Je pourrais vous le montrer dans sa terre de Ferney, faisant de la dévotion, réparant son église, conduisant sa protégée, mademoiselle Corneille, à la messe de paroisse; « car il faut que je vous dise qu'elle remplit exactement tous ses devoirs de la religion, et que notre curé et notre évêque sont très-contents de la manière dont on se gouverne dans nos terres. Je ne dois point omettre que je la conduis moi-même à la messe de paroisse; nous devons l'exemple et nous le donnons.

Non-seulement il allait à la messe de paroisse, mais il y communiait, le misérable, il communiait à Paris, à Lunéville, à Ferney, et se moquait ensuite de *cette facétie* à laquelle il était bien obligé, car « je me trouve entre deux évêques du xiv° siècle ; il faut hurler... avec ces loups [1]. »

Au milieu de ce qu'il appelle tristement ses devoirs de piété, il écrit à d'Alembert : « Dès que j'ai un moment de relâche, je songe à porter le dernier coup à l'*infâme*. Je crois que la meilleure manière de tomber sur l'*infâme* est de *paraître* n'avoir nulle envie de l'attaquer [2]. »

Et en effet, pour paraître ne pas l'attaquer, il faisait dresser à Ferney, par-devant témoins, un acte dans lequel un notaire écrivait sous sa dictée : « Par-devant nous, etc., est comparu messire François-Marie de Voltaire, gentilhomme du roi, etc., lequel..., doit à la *vérité*, à son *honneur* et à sa *piété*, de déclarer que jamais il n'a cessé de *respecter* et de *pratiquer* la religion catholique professée dans le royaume ; qu'il pardonne à ses *calomniateurs* ; que si jamais il lui était échappé quelque indiscrétion préjudiciable à la religion de l'État, il en demanderait pardon à Dieu et à l'État, et qu'il a vécu et veut mourir dans l'observance de toutes les lois du royaume et dans la *religion catholique* étroitement unie à ces lois... » Le cœur se soulève de dégoût et d'indignation, à la vue de cette monstrueuse lâcheté, et l'on a peine à comprendre comment il se trouve

---

1. A d'Argental, 22 avril 1768.
2. A d'Alembert, 1er juin 1764, 1768, etc.

des hommes qui osent parler encore du courage de Voltaire.

Le courage! il ne le comprenait même pas chez autrui, témoin cette lettre au marquis de Villevieille :

« Le Socrate d'Athènes était, *entre nous*, un homme *très-imprudent*, un ergoteur impitoyable qui s'était fait mille ennemis, et qui brava ses juges *très-mal à propos*. Nos philosophes d'aujourd'hui sont plus *adroits* ; ils n'ont point la sotte et *dangereuse vanité* de mettre *leurs noms* à leurs ouvrages. »

Qu'en dites-vous? Il me semble qu'après ce dernier trait il est permis de tirer l'échelle.

Voulez-vous que nous passions à une autre vertu? La tolérance, par exemple; car ce fut surtout, ont osé dire ses fidèles, contre le fanatisme et l'ignorance, « ces préjugés du moyen âge, qu'éclata sa sanglante ironie, sa verve railleuse, son esprit gaulois. »

Si la tolérance consiste à ne rien tolérer que les hommes et les choses qui plaisent ou dont on a besoin, M. le comte de Ferney fut un admirable modèle, suivi du reste en cela de la manière la plus respectueusement touchante par son école.

Par tolérance, il ne cessa pas un instant de vomir des insultes, des blasphèmes et des railleries contre le catholicisme.

Par tolérance, il passa sa vie à cracher à la face de l'*infâme* et à le cribler de flèches empoisonnées, *mais invisibles*, comme il s'en vantait auprès de ses amis.

Ce fut encore par tolérance; qu'il poursuivit, avec un acharnement sans pareil, le pauvre Fréron qui avait osé le critiquer, qu'il alla jusqu'à l'accuser de crimes honteux, qu'il écrivit au roi de Prusse, près duquel le critique, n'ayant pour toute fortune que son courage et sa plume, sollicitait une place de secrétaire : « On m'a dit qu'on avait proposé *un nommé Fréron;* permettez-moi de représenter à Votre Majesté qu'il s'en faut beaucoup qu'on regarde Fréron comme digne d'un tel honneur ; *c'est un homme qui est dans le mépris général, tout sortant de prison, où il a été mis pour des choses assez vilaines* (il avait blâmé la conduite scandaleuse de la Pompadour). Je vous avouerai *encore*, Sire, qu'il est *mon ennemi déclaré* [1]. »

Voici qui est noble et généreux, n'est-il pas vrai?

Fréron n'eut pas la place, mais Voltaire qui, par tolérance, avait fait mettre en prison Grosset, ne pouvant pas le faire pendre, continua à poursuivre, jusqu'à ce qu'il l'eût ruiné et tué de chagrin, l'*infâme folliculaire*, le *gros cochon*, le *serpent*, le *crapaud*, etc., etc., etc., le dénonça à la police, non pas une fois, mais dix, comme un homme dangereux dont il faut « supprimer les scandales *qui indignent les*

---

[1]. Au roi de Prusse, 17 mars 1750.

honnêtes gens [1] », « *ce lâche et méchant que les magistrats devraient réprimer* [2]. »

Quel beau caractère et quelle loyauté! Messieurs les tolérants de l'école voltairienne ont fait profit de ces belles leçons, et je pourrais citer assez aisément, pour peu que cela réjouît le million, certaines petites dénonciations du même genre, telles que celles contre les sociétés de Saint-Vincent-de-Paul, contre le poëte Laprade auquel on fit perdre sa place, contre cet imprimeur qui vendait des exemplaires de *l'Encyclique* sans avoir payé le droit du timbre, et mille autres petites turpitudes de ces loyaux citoyens qui, s'ils ne combattent pas pour la justice, aiment assez à combattre par la justice jusqu'au moment, bien entendu, où ils pourront dénoncer leurs ennemis à la populace déchaînée par eux et les leur jeter en pâture.

Doux privilége pour un cœur généreux autant que loyal, de pouvoir réduire au silence son adversaire par l'exil, le bâillon, la prison ou le bagne, et cela sans rien risquer soi-même.

« *Car, pardieu! ce qu'on ne sait pas, c'est que le roi a de la bonté pour moi, que je suis très-bien auprès de madame de Pompadour et de M. le duc de Choiseul, et que je ne crains rien, et que je me f... de... des... et de... et que je lui donnerai sur les*

---

1. A Berryer, lieutenant de police, 15 mars 1750.
2. A Marmontel, mars 1750.

oreilles. Pourtant, brûlez ma lettre et gardez-moi bien le secret[1]. »

« Le secret de son courage consistait à n'avoir rien à craindre, et quand il y avait le moindre danger, à se mettre à l'abri en envoyant les autres à sa place.

Le moyen est facile et sûr; demandez plutôt au grand Léon Gambetta, surnommé *Machine en arrière*.

En voici assez pour le courage, passons à la philanthropie.

« *Mais ce qui caractérise encore plus le grand homme, ce qui le fait nôtre, c'est sa passion profonde, sa religion ardente pour la justice et l'humanité.* »

Vraiment il faut que les lanceurs de célébrités démocratiques aient une bien profonde conviction du peu d'intelligence et de l'ignorance invincible de ceux auxquels ils s'adressent, pour oser leur parler avec autant d'impudeur.

Il serait facile de trouver dans les œuvres de cet excellent homme des traces nombreuses de l'amour ardent qu'il portait à la justice, *de sa religion profonde* pour la tolérance; seulement, quand il s'agissait de ses amis, il se montrait surtout tolérant; dans le cas contraire, il n'était que juste.

Voilà ce qui explique pourquoi, en demeurant

1. Lettre à Thibouville.

toujours également vertueux, il se contentait de répandre des larmes rien qu'en pensant à l'Inquisition, tandis qu'au contraire, il battait des mains avec bonheur lorsqu'il s'agissait de persécutions dirigées contre ses ennemis, et s'écriait :

« *Dieu soit loué! j'apprends qu'on vient de brûler un jésuite!* »

L'excellent cœur !

Non-seulement il aimait la justice, mais il s'adressait volontiers à elle, faisait au besoin l'office de dénonciateur, et ne regrettait qu'une chose, c'est qu'elle ne fût pas plus expéditive. La potence et le pilori étaient aussi de ses bons amis ; il aurait voulu pendre Grosset aux créneaux de son castel de Ferney, pendre Fréron, pendre tous ses ennemis, voire même pendre en masse les pères de ses futurs adorateurs, un jour qu'ils s'étaient permis de rire de son titre de comte de Voltaire.

Rire des titres d'un républicain, peste! quelle audace! L'illustre Rigaud, un des produits les mieux réussis de l'éducation Havin et compagnie, n'a-t-il pas fa' `siller Chaudey, un républicain, lui aussi, et docteur en siéclerie, parce qu'il s'était permis de blâmer timidement le polisson devenu proconsul.

Cela n'empêche pas le *Siècle* de continuer à flatter la même canaille ; il a la mémoire courte : c'est son affaire.

Voltaire, lui, ne put pas fusiller la foule ; les métrailleuses n'étaient pas encore inventées ; mais il se fâcha tout rouge, en s'écriant, l'œil en feu et l'écume aux lèvres :

« *On me reproche d'être comte de Ferney. Que ces j... f.....* (pour un comte, c'était assez grossier) *viennent donc dans la terre de Ferney, je les mettrai au pilori.* »

Rien que cela, l'exil, le pilori, la potence pour quiconque osait se permettre un sourire à l'adresse de M. de Ferney.

Ils sont tous les mêmes, ces comtes qui se font républicains, ne vivent que pour outrager Dieu et les hommes dans leurs pamphlets, leurs *lettres* ou leurs *lanternes*, et ne parlent que de pendre les insolents, par amour de la justice, sans doute.

Il débordait d'amour, ce bon Voltaire ; c'est du moins ce qu'assurait son patron pour faire réussir sa candidature.

Il aimait le peuple (les écrivains de la libre-pensée le répètent encore avec une touchante unanimité), *il aimait l'humanité tout entière.*

Oui, tout entière, sauf pourtant quelques restrictions que lui-même a pris soin de nous faire connaître.

Toute l'humanité, excepté toutefois *le pays des singes et des tigres qu'il détestait,* c'est-à-dire la France ; excepté le peuple *qui sera toujours sot et barbare..... ce sont des bœufs auxquels il faut un joug, un aiguillon et du foin* [1]...... *la canaille, pour laquelle la philosophie n'est point faite, et qu'il faut abandonner aux prêtres* [2].

Il est poli pour ses électeurs, le dieu Voltaire; mais ne nous arrêtons pas en si beau chemin.

Il aimait tout :

Excepté encore *la canaille ruineuse des écrivains;*

Excepté les *rédacteurs des feuilles volantes, qui sont la peste de la littérature* [3];

Excepté ces *polissons qui s'érigent en juges des rois* [4];

Excepté ces *gens de lettres qui gouvernent l'État du fond de leurs greniers, et qui prouvent que la France n'a jamais été si malheureuse* [5];

Excepté ces *absurdes insolents qui vous disent, Je veux que vous pensiez comme votre tailleur et votre blanchisseuse, qui prêchent le système de l'égalité, qui m'a toujours paru l'orgueil d'un fou* [6].

Voici le paquet des journalistes et des littérateurs; envoyons la circulaire du candidat à l'adresse de ses acheteurs, et continuons.

Excepté les catholiques (pas n'est besoin, je sup-

---

1. Lettre à Tabarau, 1769.
2. A Helvétius, 15 septembre 1763.
3. A Champfort, 1764.
4. Helvétius, 1768.
5. Mcreau, 1767.
6. Duc de Richelieu, 1764.

pose, de le prouver); mais voici qui est plus fort et plus inattendu :

Excepté les adversaires du catholicisme, *qui ne sont que des niais, des menteurs, des faussaires, des animaux dangereux, des chiens, des loups qui se mangent entre eux.*

Excepté les Polonais qu'il accablait de ses plus sanglants sarcasmes, et à propos desquels il écrivait à son ami Frédéric le Prussien : *On dit, Sire, que c'est vous qui avez imaginé le partage de la Pologne; je le crois, parce qu'il y a là du génie* [1].

Excepté *la bonne compagnie, qui est fort agréable, mais ne sert à rien. Elle soupe, elle dit de bons mots, et pendant ce temps les énergumènes excitent la canaille, composée à Paris d'environ quatre cent mille âmes, ou soi-disant telles.*

Excepté ses critiques qu'il faisait mettre en prison, comme Fréron ou Labaumelle, les autres écrivains dont il était envieux, les gens de bien qu'il détestait, ses protecteurs qu'il méprisait, ses débiteurs qu'il pressurait, ses fermiers qu'il ruinait, ses amis dont il se défiait;

Excepté même les gens *qui ont imaginé de me dresser une statue, comme à leur député, et qui veulent se servir de mon nom et de mon visage pour ériger un monument à la liberté de penser* [2].

1. Frédéric, 18 novembre 1771.
2. Lettre à la marquise du Deffand, 1770.

Excepté les nègres, dans la traite desquels il avait fait de très-bonnes affaires, ainsi que l'indique ce petit billet adressé à un armateur de Nantes : *Je me félicite avec vous de l'heureux succès du navire le Congo, arrivé si à propos sur la côte d'Afrique, pour soustraire à la mort tant de malheureux nègres. Je sais que les noirs embarqués sur vos bâtiments sont traités avec autant de douceur que d'humanité. Et dans une telle circonstance, je me réjouis d'avoir fait une bonne affaire en même temps qu'une bonne action* [1].

On pend aujourd'hui ceux qui pratiquent ce genre de bonnes actions; mais c'est égal, comme morceau de haute tartuferie, je n'en connais pas un seul d'aussi bien réussi.

Nous n'avons pas encore épuisé la liste des exceptions.

Excepté Dieu, qu'il combattit toute sa vie.

Excepté encore... *tout le genre humain, pour lequel je vous recommande d'avoir beaucoup de mépris* [2].

Mais qu'aimait donc en réalité Voltaire?

Lui et l'argent, pas autre chose.

Mets de l'argent dans ta poche et moque-toi du reste [3].

---

1. A M. Michaut.
2. Lettre à D'Alembert, septembre 1760 et avril 1771.
3. Au P. Menou, 1760.

Voltaire est là tout entier; ceux qui lui ont élevé une statue et ceux qui l'adorent y sont aussi.

Tel maître, tels disciples.

Madame Denys, sa nièce, qui devait bien le connaître, lui écrivait :

« *L'avarice vous poignarde... l'amour de l'argent vous tourmente... vous êtes le dernier des hommes par le cœur.* »

Et madame Denys avait raison.

Il appartenait aux adorateurs du veau d'or de jeter un voile sur les turpitudes de ce vieillard débauché, de ce blasphémateur en cheveux blancs, de cet insulteur de toutes les gloires de sa patrie, de transformer son auréole en bonnet de coton, en gloire lumineuse sa robe de chambre trouée, et de le présenter comme un dieu à la foule des ignorants et des imbéciles.

Triste métier, en vérité, que celui de fabricants d'idoles pour la multitude.

En haine de Dieu, de la religion et de la vertu, ils sont allés ramasser dans l'égout où on les avait jetés, pour les placer sur les autels de leur prétendu culte de la raison, les cendres et la perruque d'un misérable qui a osé traiter :

La France, de patrie de singes et de tigres;

Paris, de basse-cour de paons et de perroquets;

L'armée, de vil ramassis de lâches et de pillards;

La magistrature, de sentine d'injustice;

Le peuple, de sotte canaille à laquelle il faut le foin et le fouet ;

La religion, de superstition et de fanatisme ;

Dieu..., d'infâme ;

Et ses adorateurs, à lui, ses panégyristes, ses dresseurs de statues, journalistes, avocats et autres, de drôles, de polissons et de canaille ruineuse, pire que la canaille des halles, et qui, sous prétexte d'ériger un monument à la liberté de pensée, ne cherchent qu'à gagner un petit écu.

Qu'importe tout cela ? Quand Dieu incommode, il faut bien le renverser, quitte à le remplacer par n'importe quoi, par la déesse Raison, Voltaire ou Marat, la guillotine de 93 ou le chassepot de la rue des Rosiers et du Haxo.

J'ai voulu seulement donner une idée de la dose d'imposture et d'hypocrisie qu'exige le métier de fabricant d'idoles, montrer à l'œuvre ces tartufes impudents, se disant :

Vertueux, et se prosternant devant le courtisan gagé d'une Catherine II et d'une Pompadour ;

Partisans de la sainte fraternité, et dressant des autels au rapace associé d'un vendeur d'esclaves, à l'approbateur et au conseiller des bourreaux de la Pologne ;

Amis de la vérité, et célébrant les vertus du menteur le plus éhonté que jamais ait vu le monde.

Prôneurs de justice, et exaltant les mérites de celui qui ne cessa pas un instant d'être injuste, de fait, toutes les fois qu'il le put ; de volonté, toujours, envers ses amis et ses ennemis.

Grands parleurs de tolérance, et couronnant de fleurs le venimeux calomniateur de tous les ordres religieux, de celui qui se frottait les mains avec une joie hideuse en apprenant qu'un jésuite venait d'être brûlé.

Mais qu'importent toutes ces contradictions ? Elles ne sont qu'apparentes ; c'était bien pour ses vices et non pour ses qualités que les apologistes de Voltaire ont voulu lui dresser une statue ; et c'est parce que, par tous les moyens, il a combattu le catholicisme, sapé la religion et blasphémé le Christ, qu'ils l'ont fait dieu, le dieu du mal, le seul qu'ils adorent.

Le second acte de cette ignoble comédie ne fut pas moins honteusement risible.

L'immense majorité des lecteurs du *Siècle* applaudit des deux mains à l'idée de son directeur, mais s'empressa peu d'apporter l'offrande demandée ; que Voltaire fût dieu, personne ne s'y opposait, au contraire ; qu'on lui élevât une statue, tous les imbéciles trouvaient cela, non-seulement juste, mais absolument indispensable, à la condition toutefois qu'il ne leur en coûterait rien.

Or, point d'argent, point de statue ; point de statue, point de dieu ; la manifestation antireligieuse faisait un fiasco complet; les fabricants d'idoles en étaient pour leurs frais de mensonges.

Non-seulement ils manquaient leur effet, mais la fameuse édition du grand philosophe leur restait sur les bras.

C'était une perte sèche de plus de cinquante mille francs.

Heureusement pour eux, ils connaissaient bien leur public, et, convaincus qu'il n'y avait rien à attendre de sa générosité, ils s'adressèrent à sa vanité, et, par un trait de génie, trouvèrent moyen de l'intéresser à la spéculation patriotique.

Ils annoncèrent qu'ils publieraient dans leurs colonnes les noms, prénoms et adresses des souscripteurs à cinquante centimes et au-dessus, pour l'érection de la fameuse statue.

Cette fois, bon nombre de lecteurs du *Siècle* accoururent :

Les sots, pour le plaisir de lire imprimé en toutes lettres leur nom, qu'ils supposaient faire, pour quelques centimes, passer à la postérité la plus reculée les fins et les rusés, pour insérer à prix réduit une réclame contenant, avec leur adresse exacte, l'indication de leur commerce ou de leur industrie.

Chaque matin, pendant un mois, le *Siècle*, fidèl à sa promesse, publia des listes de souscriptions d libres-penseurs, dans lesquelles on remarquait le grands citoyens :

Pamphile Citrouillard, admirateur du grand Voltaire et marchand de vin, rue du Gosier-Sec, n° 4;

Polyte Boniface, dit Brutus le Vengeur, pédicure sans douleur, rue du Pied-Plat, n° 128, au 6° à gauche, et ennemi de l'obscurantisme;

Graccus Scévola Cassemajoue, ennemi des jésuites, officier de santé et inventeur de la poudre admirable purgativo-laxative. Consultations gratuites tous les jours. Guérison garantie. Rue de la Forêt-de-Bondy, au fond de l'allée, n° 17 ;

Anne-Désirée Magloire, veuve Pintard, fille d'une ex-déesse de la Raison, tondeuse de chiens, au Pont-Neuf, tout auprès de la statue du tyran, soigne les chats et va-t-en ville à prix modéré.

Ceux-ci, c'était la partie la plus rusée, le groupe des spéculateurs se faisant faire pour leurs cinquante centimes une petite réclame qui, en temps ordinaire, leur aurait coûté dix francs.

Ce que j'ai relevé dans ces listes, de commis-voyageurs en disponibilité, de petits spéculateurs inconnus, de vétérinaires pour hommes et pour bêtes, suffirait à donner une idée du caractère désintéressé de la gent voltairienne; mais hâtons-nous de le dire, si la spéculation est représentée dignement dans cette œuvre d'apothéose, l'amour-propre imbécile l'est bien davantage.

Quiconque désirera avoir un livre d'or de la bêtise humaine n'a qu'à faire relier en un volume ces listes remarquables, et il se trouvera posséder une exposition complète de la *Foire aux vanités*, quelque chose d'aussi ridiculement bête que les dernières listes publiées par le *Rappel*, le *Corsaire* et autres lanceurs de manifestations qui ne manifestent pas autre chose que l'immense dose de sottise qui peut se loger dans le crâne béotien d'un partisan de la libre pensée ou d'un héros de la rue Grolée.

Les noms des Barodetistes quelconques inscrits sur les pages de ce livre en sont la portion la moins intéressante; ce qu'il faut lire, ce sont les stupides qualifications dont les salisseurs de pages blanches ont tenu à honneur d'*auréoliser* leur ambitieuse *citoyenneté.*

Dans une seule liste prise au hasard, la cinquante-et-unième, je crois, j'ai trouvé:

8 *libres-penseurs;*

2 *voltairiens;*

1 *voltairienne!*

1 *enfant du progrès;*

1 *mère désireuse de la liberté illimitée pour le lien;* (Ouf!)

1 *ami de la vraie justice;*

1 *ennemi des jésuites;*

11 *amis de la liberté;*

10 *libres-penseurs quand même;* (Hein! est-ce fort?)

1 *ami de la diffusion des lumières;*

1 *hommage sincère d'un ex-élève de Loyola à l'immortel Voltaire;* (Mon Dieu! mais quel âge a donc ce monsieur?)

1 *séminariste désabusé;* (Je pense qu'on l'avait mis à la porte.)

1 *ex-sacristain;* (De même que pour le précédent.)

Mademoiselle Augustine, quatre ans; (Voilà ce qui prouve que, dans les cœurs bien nés,

La *vertu* n'attend pas le nombre des années.)

2 *messieurs et leurs dames* (sic);

5 *élèves de philosophie;* (Ils seront refusés au baccalauréat.)

2 *philosophes de la fantaisie;* (Incompris, parce qu'ils sont incompréhensibles.)

1 *ami de la vente.* (Celui-ci doit être un petit marchand besogneux.)

Notez que je n'ai fait le relevé que de la cinquante-et-unième liste du *Siècle*. Si j'ai jeté les yeux sur celle-ci, c'est qu'un jour un sergent qui la lisait dans un café, près de moi, attira mon attention en s'écriant après l'avoir parcourue :

« Mille bombes! quelle mitraille de crétins que les abonnés de cette feuille! »

Eh bien, pourtant, on peut affirmer que ce fut pour avoir le plaisir de publier gratuitement ces stupidités et d'en enguirlander leur inepte vanité que la plupart des souscripteurs à 50 centimes vinrent apporter leur offrande en faveur du dieu Voltaire. Et cependant l'argent et les gros sous abondèrent bien moins que ne l'aurait cru, surtout que ne l'aurait désiré le pompeux directeur du *Siècle*.

Tout compte fait, au lieu des cinq cent mille francs appelés, il ne se trouva dans les caisses du *Siècle* que quelque chose comme dix-huit mille francs; le reste avait fait la sourde oreille, ou bien encore, en se rendant au bureau de la rédaction, avait-il été arrêté dans les filets des marchands de vin.

Sans doute le million vénère l'immortel Voltaire, mais il lui préfère encore le petit bleu.

On dit qu'en cette occasion beaucoup de voltairolâtres se contentèrent de boire à la santé de leur dieu.

Qui ne fut pas satisfait, ce fut la rédaction du *Siècle*, obligée à réduire sa divine commande et à aller frapper à toutes les portes pour trouver un artiste complaisant qui voulût bien faire une idole à prix réduit.

Ce ne fut que le commencement des tribulations du grand parti de la manifestation.

M. Havin et son état-major avaient rêvé un géant, un colosse en perruque, se dressant de toute sa hauteur au-dessus des églises de Paris, comme pour humilier son rival vaincu, et versant avec sa torche des torrents de lumière sur tous les cabarets des barrières.

Hélas ! ils eurent beau compter et recompter, pousser des lamentations et s'écrier :

Comment en un vil plomb l'or pur s'est-il changé?

Il n'y avait que 18,322 fr. 50.

Pas même de quoi payer l'édition promise en prime.

L'idole devait avoir trois cents coudées : pour le prix, un artiste complaisant s'engagea à fondre un diminutif du dieu ayant 2^m,15, et encore à la condition qu'il serait vide, afin d'épargner le métal.

Ce ne fut pas tout.

Une fois le dieu fait, il s'agissait de le placer. Mais où ?

Au centre d'une place ?

La municipalité trouva que c'était trop mesquin et produirait mauvais effet.

Sur un quai ?

Il gênerait la circulation.

Sur un pont ?

Ce serait plus gênant encore.

Qu'en faire ?

Longtemps on le garda au bureau de la rédaction, où il servit de presse-papier aux numéros invendus, mais les rats étant venus tenir garnison dans le creux et s'en étant fait une forteresse d'où ils faisaient des invasions terribles pour le voisinage, force fut de la mettre à la porte.

On la plaça dans la cour, où de mauvais plaisants proposèrent de l'utiliser comme borne-fontaine.

Enfin ses adorateurs décontenancés prirent une résolution suprême, celle de l'inaugurer n'importe où pour s'en débarrasser.

Qu'il soit dieu, mais qu'il s'en aille.

Sous prétexte d'apothéose, la pauvre idole recevait les étrivières.

A ce sujet, ses plus fervents adorateurs se permirent des bons mots, il plut des complaintes, et il y eut grêle de caricatures.

Voltaire s'était moqué de tout le monde, tout le monde se moqua de lui.

Mais il eut son jour de vengeance.

Les Prussiens ses amis, ceux devant lesquels il désirait voir tous les Français fléchir les genoux, envahirent la France ; ils avaient déjà remporté deux victoires et s'avançaient vers Paris, le jour où, en haine de la religion, les inventeurs du nouveau dieu vinrent couronner l'image du courtisan de Frédéric de Prusse, de l'insulteur de la France, sous prétexte de faire une œuvre patriotique.

Dieu voulut qu'à l'insulte faite au catholicisme, ses ennemis joignissent l'insulte à la nation, sa fille aînée.

Ce fut à la fois un double crime de lèse-majesté divine et française.

Les Prussiens continuèrent à avancer; l'idole de Voltaire n'était pas faite pour les obliger à reculer. Ils entourèrent Paris, ce Paris qu'il avait traîné dans la boue, et, sans plus s'occuper du philosophe courtisan de l'Allemagne, ils envoyèrent leurs boulets dans la direction de sa honteuse image.

L'un des projectiles prussiens l'atteignit et la creva.

Il fallut faire venir un chaudronnier pour la rapiécer, puis on replaça sur un piédestal dans le square Monge cette ruine, à côté des ruines de Julien l'Apostat, de ce Julien philosophe qui avait voulu écraser *l'infâme*, lui aussi, et qui, vaincu par le Christ éternellement vainqueur, mourut le blasphème à la bouche en hurlant:

« Galiléen, tu triomphes! »

La Providence a voulu que ces deux grands criminels fussent gardés derrière la même grille.

Je ne sais si le *Siècle* y a pensé.

ÉPILOGUE.

Me trouvant à Paris dernièrement, j'ai voulu aller rendre visite au dieu de l'impiété.

Je l'ai trouvé dans le carré des apostats, trônant sur un piédestal qui a la forme d'un tombeau.

La statue est digne de l'homme. Vieux et malade, le philosophe est enveloppé dans une sorte de couverture, ses lèvres sont crispées, sa physionomie exprime la douleur et la méchanceté, son front chauve est plissé de rides, et des deux mains il s'appuie sur les bras de son fauteuil comme pour se soulever.

Je ne saurais mieux exprimer le sentiment général de cette œuvre qu'en disant : on dirait un infirme venant de prendre une purgation et en ressentant les effets.

Peut-être aussi souffre-t-il de la blessure sur laquelle il est assis, car le boulet prussien l'a atteint dans les œuvres vives, et lui a malhonnêtement emporté cette partie de sa personne où, dit-on, la botte du grand Frédéric lui fit souvent des bleus.

Malgré la pièce ajoutée par le chaudronnier, l'honorable cicatrice est bien visible, et l'on dirait, au mouvement du pauvre dieu de la libre-pensée, que son but est de la rendre encore plus apparente.

Allons! allons! un peu de zèle, thuriféraires des infamies de Voltaire, accourez avec vos encensoirs et venez baiser la blessure.

Elle est digne de lui et de vous.

LES
CHEVALIERS DU COU PELÉ

<small>Chemin faisant il vit le cou du chien pelé.
LA FONTAINE.</small>

En ai-je rencontré, grands dieux et grandes déesses ! de ces chevaliers du cou pelé.

Il y en a tant !

Et dire qu'au premier coup d'œil on ne s'aperçoit pas de l'infirmité de ces infortunés, alors même qu'ils portent le col rabattu et la cravate assez étroite pour découvrir le siége de leur mal.

C'est qu'en effet rien n'indique de prime abord la moindre affection morbide.

Au contraire, comme le chien de la fable, ils ont une excellente apparence : ils sont bien en chair, hauts en couleur, gras, gros, « aussi puissants que beaux. »

A défaut d'autre respectabilité, ils possèdent au plus haut degré celle de l'abdomen, portent les favoris en brosse, de beau linge bien blanc, la lourde chaîne d'or faisant cascade sur le gilet, les joues pendantes, le menton à triple étage, et ne regardent leur prochain que de haut en bas, quand ils daignent le regarder.

Beaucoup ont occupé des positions élevées que quelques-uns conservent encore; j'en connais dans les différents ministères, dans les préfectures, dans les conseils généraux, dans l'Assemblée nationale, quelques-uns même dans les rangs de l'armée régulière, quoique tous ceux qui ont servi aient surtout conquis leurs grades à la pointe de la faveur ou d'une élection préparée par une distribution gratuite de petits verres dans la fameuse armée auxiliaire.

J'en ai vu une quantité de décorés, la moitié au moins, par l'empire, dont ils furent les plats valets; l'autre moitié depuis le 4 septembre et pour des raisons que tout le monde connaît, mais qu'ils ignorent bien certainement, car autrement ils cacheraient, à n'en pas douter, le ruban si mal gagné qu'ils se plaisent à porter avec ostentation et en partie double, à la boutonnière de la redingote et à celle du paletot.

Dans le nombre, on en rencontre aussi de titrés, comme par exemple M. le comte Henri de Rochefort-Luçay; ceux-ci sont les plus méprisables, et se distinguent entre leurs compagnons par la note d'infamie particulière qui s'attache, où qu'ils aillent, à des apostats ou à des déserteurs.

Tous ces gens-là qui font les fiers et souvent les insolents, qui se donnent des airs de maîtres et des allures d'hommes indépendants, sont non pas des laquais, mais des esclaves, esclaves d'autant plus ignobles que ce n'est ni la force, ni la crainte, ni le besoin qui leur a fait aliéner leur liberté, mais la seule cupidité.

Par leur fortune, leur intelligence, leur instruction, leur position sociale, ils pouvaient et devaient être les directeurs et les conseillers du peuple; ils ont préféré se faire les vils flatteurs de la démocratie, c'est-à-dire jouer le rôle de ces honteux parasites qui, abdiquant toute pudeur et toute dignité, s'engageaient chez un maître violent, borné et ivrogne, pour le faire rire par leurs grimaces, flatter ses passions les plus grossières, et entre deux coups de pied ou deux soufflets emboursés sans se plaindre, se faire jeter parfois un os à demi rongé pour s'en nourrir.

> Détestables flatteurs, présent le plus funeste
> Que puisse faire aux rois la colère céleste!

dit le plus grand de nos poètes.

Eh bien, il y a plus détestable encore que les flatteurs de rois, que les vils complaisants qui grouillent au pied des trônes, les rongent par la base et les font crouler dans le vice et par le vice, il y a les remueurs de boue, les flatteurs de la canaille, les infecteurs du peuple, les prêcheurs et les encenseurs d'infamie.

Les sociétés sont, comme les individus, sujettes aux maladies, aux plaies, à la mort.

Ces plaies purulentes et infectes tuent les individus comme les nations, mais nourrissent des vers qui se gorgent de cette corruption et l'entretiennent.

Les flatteurs de la populace sont ces vers; plus elle est gangrenée profondément, plus ils s'engraissent.

Aussi leur unique souci est-il d'augmenter la plaie, de la rendre incurable.

Pour atteindre ce résultat, ils ne reculent devant aucune infamie.

Ecrits obscènes, mensonges effrontés, lâchetés de toute nature, rien ne leur répugne; pour arriver à leur but, ils immolent et leurs convictions et leurs répugnances, ils s'attachent au cou la chaîne de la plus ignoble des servitudes; ils se jettent à plat ventre dans l'ordure et se laissent fouler aux pieds par ce qu'il y a de plus vil au monde, par des ivrognes, des êtres dégradés qui n'ont plus à peine de l'homme que le visage, des scélérats dont eux-mêmes ont à la fin peur et horreur, mais de qui ils attendent un pouvoir éphémère qui leur permettra d'être tyrans à leur tour et de satisfaire un moment leurs appétits de pouvoir, d'honneurs déshonorants, de jouissances infâmes.

Le peuple les connaît, leur rend mépris pour mépris, se plaît à les humilier et à leur piétiner sur le corps, à les abreuver d'insultes; mais il sent qu'il a besoin d'eux comme eux ont besoin de lui, et consent à leur abandonner ce qu'ils demandent, à condition de leur faire payer le plus chèrement possible sa dégradante faveur.

Si imbécile qu'elle soit, si bas qu'on puisse la supposer descendue dans le crime et l'abrutissement, la multitude sait qu'un maître lui est nécessaire; mais le pouvoir dont elle dispose, elle n'en disposera qu'en faveur du plus indigne, et entre les candidats qui se prosternent à ses pieds elle ouvre un concours de dégradation dont le programme imposé s'appelle le mandat impératif.

Quiconque s'est rivé ce carcan au cou en portera toujours la trace indélébile, comme celle que laissait sur l'épaule du forçat l'empreinte du fer rougi au feu.

C'est un rude maître que le peuple souverain. sa griffe est redoutable et s'enfonce profondément dans la chair de ses esclaves.

Ce qu'il veut, il faut le vouloir, et le vouloir plus que lui; et quand il rugit : En avant ! il n'y a pas à reculer, sous peine d'être broyé.

Égoïste jusqu'à la cruauté, il ne tient pas compte des sacrifices passés, et comme un enfant capricieux qui brise son jouet de la veille, il s'amuse à renverser dans la boue son idole d'hier, pour placer un nouveau favori sur le piédestal de son passager engouement.

Certes, s'il est une position précaire et dangereuse dans le monde, c'est celle de favori de la démocratie et de tyran choisi par la populace.

Il est de mode aujourd'hui, dans le troupeau des flatteurs du peuple et dans la tourbe des rhéteurs radicaux, de célébrer les héros de 93, les Danton, les Saint-Just, les Vergniaud, les Robespierre et tous ces illustres scélérats dont le court passage a couvert la France de ruines, de sang et de deuil.

Triste exemple, ce me semble, pour ceux qui voudraient les imiter, puisque la révolution qui les a enfantés les a aussi dévorés, et que ce n'est pas au Panthéon qu'il faut aller chercher leur abominables reliques, mais dans le panier sanglant où coupe par coupe, le couteau de la sainte guillotine fit tomber leurs têtes aux applaudissements des tricoteuses e des porteurs de carmagnoles.

Le radicalisme a été au pouvoir sous la Commun pendant quelques mois, et déjà ses chefs commen çaient à se dévorer entre eux, déjà les listes de sus pects se chargeaient des noms des républicains de veille, déjà les prisons s'ouvraient pour eux, déjà sang des modérés commençait à rougir la poussière le 93 des chassepots allait succéder au 93 de la gui lotine.

A quoi cette lugubre leçon a-t-elle servi? A rien.

« Pour les vulgaires ambitieux, l'histoire n'est pas un enseignement, et le bandeau de leur égoïste cupidité est si épais, qu'il les empêche de voir et d'entendre.

Flatteurs honteux de la démagogie, ils sont redescendus plus humbles et plus ardents à la fois dans l'arène de la bassesse et de l'infamie.

Ils ont repris la laisse de l'esclavage le plus ignoble, et comme ces chiens tremblants que d'affreux polissons traînent pantelants par les carrefours boueux jusqu'au cloaque final, ils se laissent traîner à la remorque des caprices les plus sanguinaires, des folies les plus monstrueuses.

Tous les gages que la révolution leur demande, ils les donnent, toutes les concessions les plus ridicules comme les plus déshonorantes, celles même qui leur répugnent le plus, ils les font.

Ne demandez pas à ces gens-là un acte libre, ils sont esclaves.

Esclaves jusqu'à l'absurde, esclaves jusqu'au martyre.

J'en ai vu que leurs instincts porteraient au luxe et à l'élégance, et qu'on ne rencontre que dégoûtants dans leurs habits comme dans leur personne, qui n'osent ni tailler, ni même peigner leur crasseuse chevelure, ni changer de linge, ni porter d'autre coiffure qu'un vieux chapeau roussi ou graisseux, et qui, à défaut d'autre mérite, se font un devoir d'afficher dans les rues et sur les boulevards leur insigne malpropreté.

Croyez-vous que cela les amuse?

Oh non ! mais c'est la consigne ; il faut bien que le laquais porte la livrée du maître, s'il ne veut pas être cassé aux gages, ou qu'un coup de poignet brusquement donné fasse tendre la corde et serrer son collier de force.

Si encore c'était là la seule misère du métier, le cou ne serait pas pelé pour si peu.

Mais il y en a d'autres, beaucoup d'autres.

Un des plus illustres chevaliers du cou pelé, M. le comte Henri de Rochefort, a failli en mourir.

Il adorait le peuple, mais à condition de ne l'entendre, de ne le voir, et surtout de ne les sentir que de loin.

Le bruit de la foule l'étourdissait, sa vue l'effrayait, son odeur l'étouffait ; eh bien ! il fallait qu'à chaque instant il vînt, pour plaire à ses maîtres, se trouver mal dans les clubs, d'où il remporta, avec son mandat impératif, le titre de héros de la pamoison.

Par nature, il était fier jusqu'à l'insolence ; le collier le remit au pas.

Il ne s'agissait pas de résister.

Quand la populace commande, c'est avec le bâton ; elle ignore la politesse et ne comprend pas les ménagements.

Ses favoris le savent bien et ne résistent pas.

C'est en été, dans le Midi ; la chaleur est de plomb, l'asphalte fond sous le pied, il ne passe pas un souffle d'air dans le feuillage pendant et jauni ; les insectes se cachent sous l'herbe grise et les lézards sous les cailloux.

Dieu! qu'il fait bon faire sa sieste dans une pièce obscure et fraîche !

Hélas ! *non possumus*.

Il faut partir, au contraire, marcher dans la poussière, sous le soleil, tête nue, pour aller enfouir un libre penseur, et prononcer sur son trou, d'une voix essoufflée, un discours patriotique.

C'est en hiver, dans le Nord ; le vent siffle, la neige tourbillonne, le froid est aigre et piquant ; le rhume de cerveau monte la garde à votre porte.

Dieu! qu'il fait bon fumer son cigare après dîner, en lisant le *Corsaire* ou le *Rappel* devant un bon feu bien clair !

Hélas! *non possumus*.

Il faut partir, au contraire, patauger dans la neige à demi fondue, risquer une maladie pour aller à la réunion démocratique débiter des flagorneries au maître, le tromper et l'amuser.

Allons! allons! voici l'heure, le peuple te siffle, chien de la démocratie, va faire le beau et gagner ton os pour salaire.

La populace ne donne rien pour rien.

Souvent elle fait payer plus cher.

Elle ne se contente pas toujours du ridicule et de la fatigue, elle se plaît à y joindre l'outrage et la honte.

A l'un, elle ordonne de sacrifier ce qui lui reste de conscience, de croyances, de traditions de famille ; à l'autre, d'outrager par un enfouissement civil le cadavre de son père mort en bon chrétien, ou de son enfant baptisé par la main d'un prêtre et encore revêtu de sa blanche robe d'innocence ; à celui-ci, elle commande un vote déshonorant et antinational ; à celui-là, des actes iniques et qu'en lui-même il condamne.

« Que voulez-vous, disait un de ces malheureux qui venait de faire chasser les frères de l'école de la commune et, sous main, envoyait son fils dans un établissement tenu par eux à la ville voisine, — que voulez-vous, quand on est républicain, il faut bien faire comme les autres. »

C'est-à-dire, lorsqu'on veut poser en homme libre, il faut obéir servilement.

Telle est la maxime des modernes cous-pelés.

Aussi n'est-il pas permis de dire, en parlant du moins compromis d'entre eux, celui-ci est relativement honnête, relativement modéré ; car cette honnêteté et cette modération sont à la merci de la canaille dont, par ambition, il s'est fait le thuriféraire, et dont, par lâcheté, il deviendra l'esclave.

Il y a dans le monde un vieillard en cheveux blancs, portant avec une incomparable majesté le poids des années et des malheurs.

Cet homme s'appelle Pie IX.

Physiquement, il est faible et maladif; mais moralement, il est fort et indomptable. Une main sacrilége lui a arraché son royaume et l'a dépouillé de son manteau de roi; cependant il est dans sa prison du Vatican plus auguste que jamais, et à défaut du diadème, son noble front rayonne de l'auréole du martyre.

Pourquoi cela?

Parce qu'à toutes les sommations de l'injustice et de la violence, qui voulaient se faire livrer par lui l'héritage sacré de l'Église dont il est dépositaire fidèle, il a répondu :

« Je ne le puis pas. »

Non possumus.

Et il s'est trouvé des individus assez lâches ou assez imbéciles pour essayer de tourner en ridicule cette réponse du saint pontife.

Non possumus. C'est pourtant leur réponse, à eux aussi, toutes les fois que leur conscience, leur honneur, leur intelligence, leur reprochent de penser d'une manière et d'agir de l'autre.

Non possumus. Non, ils ne peuvent pas désobéir à leur ambition, à leur orgueil, à leur cupidité, à leur lâcheté; ils sont les flatteurs du peuple, de ses passions, de ses vices; ils sont ses chiens, ils souffrent quelquefois, souvent même de ses brutalités : voyez plutôt leur cou; mais à ce métier ils gagnent de temps à autre :

Des reliefs de toutes façons,
Os de poulets, os de pigeons,

des ministères et des ambassades, des préfectures et autres postes lucratifs.

Que leur faut-il de plus?

Le métier peut être infâme, mais à coup sûr il est lucratif.

Dès lors, il n'y a plus à hésiter.

LES
AIGUISEURS DE COUPERET

Il y a de cela quelques semaines, en montant la rue des Martyrs, je me croisai avec un citoyen en blouse, chapeau pointu, barbe inculte, gris comme une ardoise et titubant comme un colonel de fédérés, qui, brandissant son brûle-gueule et ébauchant un pas de danse en signe de profonde allégresse, vociférait d'une voix pâteuse :

« Vive le froid ! A bas les propriétaires ! »

Une bande de cinq ou six blousards, la casquette sur l'oreille et se tenant par le bras, descendait la rue derrière l'ivrogne en répétant :

« Vive le froid ! A bas les propriétaires ! »

Inutile de dire que la même expression de contentement bestial se peignait sur les visages ignobles de ces barodétistes en goguette.

L'annonce de désastres produits dans les vignobles par une gelée survenue en plein mois de mai, au moment où les raisins commençaient à promettre une abondante récolte, causait seule leur joie sauvage.

De cette gelée, que devait-il donc résulter de si heureux pour ces compagnons de la bouteille, pour cette lie des rouleurs de barrières?

Rien évidemment qu'un renchérissement inévitable du vin, devenu plus rare, une grande privation pour eux, ou tout au moins une forte dépense qu'il leur serait à la fois pénible et difficile de supporter.

Ils auraient dû en pleurer au lieu d'en rire, pour peu qu'une simple lueur de bon sens eût pénétré sous leur crâne radical.

Mais, bah! est-ce que jamais la canaille raisonne? est-ce que la passion la plus aveugle ne lui couvre pas les yeux?

La gelée avait, ils l'espéraient du moins, ruiné les propriétaires; ils voyaient déjà les ruraux, leurs éternels ennemis, mourir de faim dans leurs étables et ils se réjouissaient.

C'est toujours la même chose.

Pourquoi s'en étonner?

Au commencement de la Commune, une bande de traîneurs de chassepots, de grands sabres et de toute cette ferraille qui rayait le pavé boueux de Paris, ne vociférait-elle pas sur la place du Carrousel :

« Mort à Dieu ! Vive l'enfer ! »

L'un d'eux, un de ces ouvriers du bonnet rouge qui réclament si hautement le droit au travail et refusent de travailler, fut reconnu par un patron chez qui il était allé quelques jours auparavant mendier une pièce de cinquante centimes sous prétexte de nourrir sa famille, et à l'atelier duquel il retourna bientôt après tendre sans vergogne sa main sale et paresseuse.

« Pourquoi donc criez-vous vive l'enfer ? » lui demanda le bourgeois.

Le citoyen était, comme toujours, entre deux vins.

Il se raidit majestueusement, mais non sans peine, sur ses jambes qui flageolaient, et répondit :

« Moi je veux qu'il n'y ait qu'un enfer pour que tous les curés y soient flambés.

— Mais s'il n'y a que l'enfer vous y serez grillé avec eux, objecta l'industriel ; et à votre place, il me semble que je voudrais aussi un paradis.

— Non, non, pas de ça ; il faut que toute la prêtraille flambe et que pas un calotin n'échappe au feu.

— Mais vous ?

— Non, non, il faut que la prêtraille flambe, le peuple le veut. »

Il ne fut pas possible de tirer autre chose de cette brute.

Voir souffrir les autres, c'est le seul bonheur qu'ambitionnent ces porteurs de bonnets rouges.

Oh! la belle fraternité que celle de ces idiots de la haine!

Hier, ces gens hurlaient vive la gelée! Il y a quelques jours ils rugissaient vive la commune! Demain, si la révolution achève de les démuseler, nous entendrons le cri de vive la guillotine! et son couperet fera de bonne besogne, et la France, livrée aux fureurs de la démagogie, ressemblera à une arène sanglante où, après avoir égorgé les moutons et les autres paisibles animaux, les bêtes féroces se déchireront entre elles avec des hurlements sauvages, jusqu'à ce que la dernière soit tombée pantelante pour expirer dans les dernières convulsions d'une rage inassouvie.

Qu'on ne regarde pas cela comme le rêve d'une imagination égarée par le délire de la peur.

Paris incendié par les pétroleurs de la Commune et éclairant de ses sinistres lueurs les massacres de la guerre civile, est là pour dire :

Ce n'est pas un rêve, c'est une réalité!

« Et penser que ces bandits, cette boue des grandes villes, cette moisissure de la société, ces ignobles scélérats, ces *soiffeurs* de la guillotine, qui n'ont d'instinct que pour le meurtre et le pillage, ne sont pas encore le produit le plus impur d'une société gangrenée jusqu'à la moelle des os!

Certes, il faut se tenir prêts à contenir par la force ces bêtes fauves, qui ne connaissent d'autre barrière que la peur; mais il faut aussi les plaindre, car si ces corps sont aujourd'hui sans âmes, c'est que de plus scélérats qu'eux ont assassiné ces âmes, que la religion eût pu ramener par sa douce influence et retirer de la boue avant qu'elles y fussent entièrement étouffées.

Pour arriver à leurs fins, les aiguiseurs de couperets avaient besoin de se faire une armée qu'aucun forfait ne fît reculer; ils ne pouvaient s'emparer du pouvoir que par la corruption, la révolte, la guerre civile, les sanglantes exécutions, aussi le seul but de leur exécrable vie a-t-il été d'attiser des haines implacables, d'abrutir la populace, de l'irriter comme un taureau auquel on montre du rouge, ou comme ces lions que dans les arènes les belluaires excitaient en les piquant avec des pointes de fer rougies au feu pour les faire se ruer sur les martyrs exposés nus à leurs morsures.

La populace en carmagnole qui dansait autour de l'échafaud, battant des mains et rugissant de joie au bruit de chaque tête tombant dans le panier, pouvait être plus hideuse à voir en 93 que ce féroce et froid Robespierre, correct dans sa toilette, la perruque bien peignée, un bouquet au côté, parodiant les fêtes religieuses dans les sentimentales processions en l'honneur de la déesse Raison ; cependant il était mille fois plus coupable et plus abject.

Mille fois plus abjecte aussi que la tourbe des fédérés était cette cohorte d'élégants débauchés, ces Vermesch et ces Maroteau, ces Ferré et ces Rigaud, qui chaque jour empoisonnaient le peuple de Paris de leur bave immonde, et froidement calculaient l'effet produit par leurs calomnies monstrueusement élaborées dans le petit salon capitonné témoin de leurs quotidiennes orgies. Goutte à goutte ils versaient l'huile sur le brasier, attisant froidement la haine, faisant déborder la coupe de la fureur, enivrant par calcul leurs séides dont la raison était déjà égarée, pour les préparer à tous les forfaits.

Les vrais assassins des otages ne furent pas ceux qui leur portèrent le dernier coup et s'acharnèrent sur leurs cadavres criblés de blessures, ce furent bien ces éventeurs de massacres qui lancèrent sur eux la meute rugissante après avoir allumé sa fureur.

Et qu'importe que M. le marquis de Rochefort n'ait pas été vu une pioche à la main, démolissant l'hôtel de la rue Saint-Georges, s'il est avéré que ce fut lui qui lâchement le montra de loin aux démolisseurs en les excitant à le renverser?

Qu'importe que ce honteux paillasse à chapeau pointu et à manteau galonné, qui a nom Garibaldi, n'ait pas tenté de donner l'assaut au Vatican, si prudemment caché dans son île, il a, sans rien risquer, déchaîné par un criminel abus de sa popularité, la révolution contre l'Eglise ?

Qu'importe que le gros Courbet ne se soit pas attelé au cabestan destiné à renverser sous les yeux des Prussiens la colonne élevée à la gloire de nos armées, si son inepte vanité a plus fait pour la faire tomber que les efforts réunis de tous les déboulonneurs ?

Souvent ceux qui méditent et préparent le crime sont plus coupables que ceux qui l'exécutent.

Avec son livre des *Misérables*, Victor Hugo a fait plus de mal à la société que les misérables eux-mêmes en se levant contre elle.

Les appels à l'assassinat des Pyat, des Delécluze et des autres brigands de lettres ont commis plus de meurtres que le poignard de n'importe quel scélérat.

Aujourd'hui, les assassins de la rue, les brûleurs au pétrole, les exécuteurs sanglants des complots tramés dans l'ombre n'osent plus se montrer les bras nus, la hache au poing ; mais qu'on ne s'y trompe pas, si les soldats du crime reculent devant la crainte de la répression, leurs chefs continuent à veiller à leur poste, à triturer le poison que chaque jour ils font verser dans les masses par leurs ignominieux journaux. Attentifs à ne pas encourir l'amende ou la prison, ils se bornent à écouler doucement le venin mortel dont ils sont remplis dans des articles prudemment calomnieux ; ne pouvant attiser bruyamment la haine, ils l'entretiennent, veillant à ne pas laisser le feu s'éteindre sous la cendre.

Ils ont à leur disposition et les larmes hypocrites sur le sort des malheureux détenus sur les pontons, et les soupirs douloureux d'un patriotisme sentimental, et les insinuations perfides contre tout ce qui est honnête, les calomnies habilement voilées contre la religion et ses ministres, les grands mots creux de la philosophie humanitaire, tout l'attirail des poisons subtils dont Locuste avait le secret. Musclés par la peur, ils préparent ce qu'ils appellent la revanche, et en attendant le jour heureux où ils pourront faire tomber en coupe réglée les têtes des gens de bien sous la guillotine, ils en aiguisent avec soin le couperet.

LES

FAUX MONNAYEURS DE L'HISTOIRE

Autrefois, quand un individu quelconque était surpris altérant la monnaie reconnue, en frappant de fausse ou la mettant en circulation, on l'attachait à un carcan sur la place publique, on le marquait d'un fer rouge à l'épaule et on l'envoyait ramer à perpétuité sur les galères du roi, à moins que la justice ne le fît pendre haut et court.

L'immortel 93 arriva, qui ouvrit les prisons aux assassins et à tous les bandits coupables seulement de meurtre, de vol ou d'incendie, mais retint les faux monnayeurs et se montra impitoyable envers eux.

La nation, ainsi que l'on appelait alors les brigands maîtres du pouvoir, voulant sans doute se réserver le monopole des faux avec lesquels elle battait monnaie, émit une multitude d'assignats dont elle rendit le cours obligatoire, et poussa l'impudence jusqu'à faire graver sur sa fausse monnaie :

« La loi punit de mort le contrefacteur. »

Plus indulgente, la Restauration rendit aux faux monnayeurs le bénéfice des travaux forcés.

Ainsi donc, d'aussi loin qu'on s'en souvienne, les contrefacteurs de monnaies ou de billets ont été punis en France de la peine de mort ou des galères.

Il paraît que dans l'antiquité ils n'étaient pas mieux traités, qu'ils exerçassent leur art dans les républiques ou dans les empires, et il est certain que parmi les nations modernes, il n'en est aucune où ils ne soient poursuivis et châtiés avec une égale rigueur.

En sorte que l'on peut affirmer que si cette coupable industrie est facilement lucrative, elle est en revanche des plus périlleuses pour ceux qui l'exercent.

D'où vient donc que, lorsque le falsificateur d'un petit carré de papier portant en caractères bleus ou noirs les mots *cinq francs* est poursuivi, emprisonné, puni avec une sévérité implacable et pourtant approuvée non pas par quelques hommes et pendant un certain temps, mais par tous et partout, d'où vient que l'altérateur de cent volumes in-folio, non-seulement n'est pas pris au collet par le premier gendarme venu, mais que souvent il est décoré pour ses méfaits, loué par les cent voix de la renommée, porté aux nues, qu'il fait fortune, et qu'au lieu de finir par s'échouer sur la paille d'un cachot ou le lit de camp d'un bagne, il vient mollement s'asseoir dans un fauteuil de l'Institut!

Est-ce, par hasard, que la vérité en histoire ne vaudrait pas même le billet crasseux et usé représentant quelques grammes d'argent fondu et mélangé avec un peu de cuivre?

Il faut pourtant bien que cela soit, puisque entre les deux faussaires du billet et de la vérité il y a la distance du châtiment à la récompense, de l'ignominie à ce qu'on appelle la gloire, de la casaque brune à l'habit brodé, du bonnet rouge du bagne au bonnet de coton de l'immortalité.

Que le faussaire en monnaie soit un criminel, nul doute; car il donne pour vraie une pièce fausse et se rend coupable de vol en trompant par un mensonge matériel.

Mais en quoi vaut-il moins que le faussaire de l'histoire?

Parfois même, il se rencontre pour le premier des circonstances atténuantes. Ce faussaire était un homme estimé, un négociant honoré hier, que des spéculations imprudentes ou inhabiles ont ruiné. Personne ne le sait encore, mais lui voit le gouffre du déshonneur ouvert sous ses pas; demain il sera déclaré en faillite, demain sa femme habituée au luxe et ses enfants qu'il adore seront chassés de leur splendide hôtel, montrés au doigt dans la rue, et les gens qui ne pardonnent pas au malheur leur jetteront à la face l'épithète flétrissante de fils de failli.

Pour éviter ou du moins retarder cette chute formidable, il y a un moyen : altérer une signature, commettre un faux. Entre la faute et la honte le négociant hésite et succombe ; il prend une feuille de papier et y trace quelques lettres, une signature qui n'est pas la sienne.

Le malheureux ! à partir de ce jour, il appartient au bagne, il le sait ; il ne lui reste plus qu'à fuir... mais où ? La justice le poursuit, le réclame et, quoi qu'il arrive, le déshonneur qu'il voulait éviter s'attache à lui plus fortement, sans qu'il puisse désormais s'y arracher, car il n'est plus ruiné, failli seulement, il est FAUSSAIRE.

Et pendant que se déroule ce drame lugubre de cour d'assises, un monsieur riche, élégant, posé dans le monde comme savant, membre peut-être d'un institut quelconque, commandeur d'Isabelle-la-Catholique et de l'Ordre du Soleil des musulmans, car les faveurs et les distinctions lui arrivent de tous côtés, relit, en le savourant, l'article élogieux que la critique à la mode a buriné à son adresse dans le dernier numéro de la *Revue des Deux Mondes*.

Il est heureux et il est fier.

Il y a de quoi !

Des lettres de félicitation débordent de la corbeille, véritable encensoir fumant auprès de la table du savant.

Sous un presse-papier, d'autres lettres amoncelées laissent apercevoir les noms des éditeurs de nouveautés à sensation.

Lévy et Dentu se disputent à coups de billets de banque le parrainage du nouveau chef-d'œuvre qui sortira de sa plume.

Son premier ouvrage a si bien réussi ! Il n'y a pas quinze jours qu'il a fait son entrée dans le monde et déjà la première édition est épuisée : édition de luxe s'il vous plaît, en deux volumes in-octavo ; la seconde est attendue fiévreusement, quelques retouches en ont retardé l'apparition, mais avant la fin de la semaine tout Paris se précipitera dans les galeries du Palais-Royal ou aux abords de l'Opéra pour y acheter la nouvelle édition d'une *Vie de Jésus*, ou de n'importe quel ouvrage du même genre, et le Pactole coulera à flots d'or dans l'hôtel de l'illustre écrivain.

Cette gloire, cet argent, ce succès inouï en dehors des fastes du scandale, à quoi donc les doit cet heureux favori du sort ?

A sa science ?

Non, car sa science n'est qu'une aptitude peu honnête à s'emparer de celle d'autrui, en la défigurant, en lui faisant dire blanc là où elle disait noir, pour se l'approprier, ou en s'en servant pour donner du relief et une apparence de profondeur à son ignorance.

A la vérité?

Non, car il n'aime que l'erreur et le paradoxe, qu'il fait miroiter comme un piége aux alouettes pour tromper les simples et attirer à lui les curieux.

C'est un artiste en mensonges et voilà tout.

Pour gagner de l'argent, il ne se contente pas de commettre un faux, il en fait des volumes.

Il ne se contente pas d'altérer un texte pour arriver à ses fins, il les falsifie et, s'il est permis de se servir d'une expression latine dont l'énergie est nécessaire pour exprimer tant d'infamie, il les *adultère* par douzaine.

C'est un faux monnayeur de l'histoire, qui jette dans la circulation des erreurs d'autant plus coupables qu'il a employé toutes les ressources de son malheureux talent à leur donner l'apparence de la vérité.

Dans tous les temps ils ont été nombreux les menteurs de l'histoire et les professeurs de la fausse science.

Si nombreux, qu'ils ont fait l'obscurité dans le domaine du passé, ou présenté les faits sous un jour tellement faux, qu'il est souvent difficile, même au prix d'un travail aussi opiniâtre que rebutant, de pouvoir distinguer la pièce falsifiée de la véritable.

L'erreur, ils le savent bien, ne peut tromper que par le demi-jour; il lui faut cela pour cacher les attaches de son masque. C'est pour ce motif que Voltaire, qui s'y connaissait et qu'en reconnaissance ils ont proclamé leur roi, écrivait à l'un de ses complices :

« C'est une vertu de savoir mentir ; mentons donc comme de beaux diables, mentons effrontément, mentons toujours. »

Et voilà comment, en face de l'histoire vraie qui est la manifestation sincère des faits, s'est élevé une autre histoire qu'un grand écrivain a pu qualifier de :

CONSPIRATION CONTRE LA VÉRITÉ.

A celle-là, il est facile de trouver un vêtement qui lui donne des dehors séduisants, de la revêtir d'ornements qui attirent l'œil, de la parer de ces oripeaux et de tout ce clinquant dont se chargent à profusion les charlatans pour se faire suivre par la foule et lui débiter, du haut d'un chariot façonné en forme de théâtre, leur orviétan et leurs panacées.

Sans doute, toute cette friperie n'est pas de longue durée ; le manteau royal de ces Mangins de la science montre bientôt la corde et leur casque de laiton résiste peu au vert-de-gris ; mais après eux il en vient d'autres et la foule, que flattent ces histrions pompeux, passe des tréteaux de l'un à ceux de l'autre, sans s'arrêter au temple majestueux, mais sévère et dépourvu d'ornements, dans lequel trône la vérité.

Certes il n'est pas, je ne dirai pas un savant, mais un homme même médiocrement instruit qui ne haussât les épaules en lisant les stupidités prétendues scientifiques avec lesquelles les fameux philosophes du xviiie siècle eurent la folle prétention de battre en brèche les récits de la Genèse.

Leur fausse science a reçu des découvertes modernes de tels démentis qu'elle s'est écroulée d'elle-même comme un échafaudage de bois pourri, entraînant dans sa chute tout l'édifice de leurs impudents sophismes; mais d'autres savants de la même école ont frappé monnaie avec de nouveaux mensonges pour se procurer les moyens de continuer la guerre contre la vérité, et dans aucun temps peut-être, sans en excepter le siècle d'or de la philosophie sceptique, on n'a vu un semblable débordement de tromperie systématique et impudente.

La liberté illimitée de la presse est venue à la rescousse pour le grand assaut donné à la vérité; chaque bureau de rédaction des journaux radicaux est un atelier de fausse monnaie où l'on frappe jour et nuit les pièces altérées, que nuit et jour les chemins de fer disséminent dans toute la France.

Chaque cabaret est devenu bureau de change ou plutôt de distribution, car ce n'est pas aux hommes instruits que peuvent s'adresser les effrontés semeurs de faussetés tellement absurdes qu'elles ne feraient que soulever le dégoût.

Mais le peuple n'a pas à sa disposition le degré d'instruction suffisant pour pouvoir lui servir de pierre de touche; il croit ce qu'on lui dit, parce que sur le plomb que ces écrivains sans pudeur lui font accepter comme or pur, ils étendent avec une habileté perverse, pour lui donner du brillant, le vernis de la flatterie pour tous ses vices et pour toutes ses faiblesses.

Prenez au hasard un de ces sacs à mensonges, quelque titre qu'il porte: *Réveil* ou *Rappel*, *Siècle* ou *Corsaire*, et vous êtes sûr d'en voir à chaque fois tomber une demi-douzaine de ces pièces frappées au coin de la plus insigne fausseté, dont la collection est destinée à former cette série de mensonges que leurs auteurs osent appeler l'histoire à l'usage du peuple.

Sur ces pièces monstrueusement altérées, l'effigie de Louis XVI, le roi martyr de l'amour qu'il portait à la France, est celle d'un tyran imbécile et sanguinaire; tandis qu'une auréole de justice et du patriotisme le plus pur entoure, comme un nimbe, les traits idéalisés de cette bête fauve aux appétits bas et sanguinaires, qui porte le nom de Robespierre.

Dans cette galerie de faux portraits gravés par des

mains criminelles, toutes les illustrations les plus pures sont présentées sous les traits les plus repoussants et sous les couleurs les plus calomnieuses, tous les êtres les plus abjects hypocritement transfigurés et proposés à l'admiration populaire, comme les modèles les plus accomplis de toutes les vertus.

Pour arriver à ce résultat le moyen n'est pas difficile : il n'y a qu'à mentir sans vergogne, qu'à nier effrontément ce qui fut, qu'à affirmer plus effrontément encore ce qui ne fut pas. Il est si facile de semer la calomnie ; l'oreille est si bien disposée à la recevoir, l'ignorance à lui ouvrir à deux battants les portes de la crédulité.

Et puis, comment ne pas ajouter foi à un auteur qui vous cite textes et pièces justificatives à l'appui de ses assertions ?

Les auteurs cités portent des noms insoupçonnables ; ils s'appellent saint Augustin ou saint Bernard, Bossuet ou Fénelon ; ils sont contemporains des faits au sujet desquels on invoque leur témoignage ; la note porte non-seulement la copie exacte du texte, mais le numéro du volume et de la page, sans doute pour vous en faciliter la vérification.

Allons, cette fois il faut bien en convenir, dites-vous, l'auteur a raison. Et vous ne songez pas plus à aller consulter le texte que vous ne vous imaginez de porter chez l'essayeur la monnaie que vient de vous donner un changeur contre un billet de banque.

Pourtant citations, renvois, indications, tout est faux, archifaux, odieusement faux.

De cela que résulte-t-il ?

C'est que, lorsque quelqu'un cite devant vous ce bon père Loriquet, qui donnait à Napoléon Bonaparte la qualification de général de Sa Majesté Louis XVIII, vous riez comme les autres de la sottise de ce pauvre historien, qui pourtant n'a jamais rien écrit de semblable.

Faut-il vous prouver que la conversion de Henri IV ne fut qu'une hypocrisie? Eh! mon Dieu, quoi de plus facile? La fameuse phrase : « Paris vaut bien une messe, » n'est-elle pas de lui? et un homme qui tient des propos aussi déplorablement légers, pour ne pas dire autre chose, ne mérite-t-il pas d'être regardé comme un hypocrite?

Assurément la chose est indiscutable, et par conséquent admise par l'immense majorité des lecteurs, trop honnêtes pour refuser d'ajouter foi à des accusations répétées avec une persistance que rien n'arrête, et une ténacité de menterie qui ne tient compte d'aucune réfutation, si victorieuse qu'elle soit.

Le simple faux monnayeur, celui que par comparaison je serais tenté d'appeler l'honnête voleur, auquel vous refusez comme fausse la pièce qu'il vous présente, s'éloigne sans discuter et ne cherche pas à vous imposer par la violence le produit de sa coupable industrie; mais l'autre, le malhonnête du livre ou du journal, ne se laisse pas effrayer par un refus, ni déconcerter par les preuves les plus palpables.

Comme il n'a à craindre ni les gendarmes ni la prison, et que sa tromperie appartient à ce genre honteux d'abus de confiance qui ne relève que de l'honneur et de la conscience, il répond à vos preuves par des insultes, à vos affirmations qu'il sait exactes par d'insolents démentis, vous jette, faute d'autres raisons, des gros mots à la tête et crie si fort qu'il finit par ameuter la canaille contre vous et vous faire passer, aux yeux des simples, comme un ignorant entêté, un esprit étroit et partial, un ennemi des lumières, un *jésuite* et un *clérical*.

Et notez que ces deux mots vides de sens suffisent pour vous perdre de réputation auprès des gens de bien eux-mêmes, qui tiennent les jésuites en estime et le cléricalisme en honneur.

Comprenne qui pourra, mais il en est ainsi.

De cette disposition fâcheuse et inexplicable qui rend toute accusation probable et toute réfutation suspecte, il résulte que pour faire flotter à la surface de l'histoire un mensonge, comme une fausse bouée, il n'y a qu'à l'ancrer au fond des esprits sans tenir le moindre compte des observations des pilotes.

Ce n'est pas d'aujourd'hui que, dans la foule des esprits honnêtes et que révolte la fourberie, il s'en est rencontré quelques-uns assez amis de la vérité pour consacrer, comme par exemple l'abbé Gorini à la défense de l'Église et Charles Barthélemy à la réfutation de ces erreurs générales ayant cours dans le monde, toutes les ressources de la science et de l'érudition. Le premier a écrit trois gros volumes, et a été arrêté par la mort; le second en est à son troisième volume, et son ouvrage est à peine commencé. Mais qui se donne la peine de lire ces livres et de s'approprier le fruit de ces savantes recherches?

Le mensonge est bien plus attrayant que la vérité, et puis désapprendre ce qu'avec tant de peines on a appris dans un collége, est chose pénible et décourageante. On se laisse aller au courant de l'erreur qui vous porte tout doucement, au lieu de se fatiguer à le remonter; seulement, au lieu d'aborder au rivage, on échoue sur un écueil.

Les faussaires profitent de cette apathie; ils se copient les uns les autres, chacun ajoutant sa petite dose de mensonge, et la fausse monnaie de l'histoire continue à circuler en s'altérant de plus en plus, grâce à l'impudence des uns et à la coupable complaisance des autres.

Sur cinquante personnes, je ne dirai pas ignorantes, mais passant pour instruites, combien en trouverez-vous, même des plus honnêtes, qui ne croient aux scènes de l'Inquisition, à Galilée martyr, aux atrocités de la Saint-Barthélemy, à la dépravation des Borgia, à toutes ces erreurs monstrueuses rééditées chaque jour par de prétendus savants historiens?

Elles en gémissent en courbant la tête, quelques-unes essayent d'imprudentes justifications : « C'était le crime du temps, disent-elles, la corruption était dans les mœurs, l'Église avait besoin de réformes; » que sais-je encore?

Eh! non, certes; il n'y a point à excuser, il n'y a point à pleurer, il n'y a pas à se voiler la face; ces faits prétendus sont de gros mensonges et pas autre chose, en voici la preuve visible, palpable, évidente; écoutez seulement, lisez avec attention cette réfutation.

Peine perdue; la fausse monnaie continue à avoir cours et personne ne veut se donner la peine de l'essayer sur la pierre de touche, et l'on vous répond : « Comment voulez-vous que cela ne soit pas? c'est imprimé dans toutes les histoires : ce qui est écrit est écrit. »

C'est à désespérer.

Les menteurs en font leur profit, et chaque écrivassier de la presse corruptrice édite et réédite ces calomnies en s'écriant : « Voyez-vous ce qu'en réalité est l'Église? Voilà ce qu'ont enseigné les docteurs, voilà ce qu'ont fait les papes; votre catholicisme est pétri de boue et de sang. »

Et l'erreur marche toujours, sans que rien puisse l'arrêter; et, avec ces erreurs et ces infamies, les misérables faussaires composent ce qu'ils appellent des livres d'histoire pour l'instruction du peuple, des turpitudes éhontées qu'ils font colporter en livraisons illustrées sous les titres de *Mystères de l'Inquisition, Histoire des Papes, Histoire des Jésuites, le Catholicisme dévoilé*, et autres monstruosités aussi mal écrites que pensées, productions vénéneuses qui, mêlées à l'absinthe et à l'alcool dans les cabarets, perdent à la fois les âmes et les corps, mais rapportent de l'argent à leurs ignobles auteurs.

Quant à ceux-ci, que leur importe une réfutation ou un démenti ? Ils savent bien que personne n'a le droit de leur envoyer par huissier sommation de rétracter une calomnie historique. Les morts ne sont plus là pour se défendre et les faire condamner en police correctionnelle ou les traîner sur les bancs de la cour d'assises. En ce monde l'impunité est assurée à leur crime, et ils font argent de leur infamie.

Que leur faut-il davantage ? Cette infamie est à la fois lucrative et sans danger, et ils battent fausse monnaie avec l'histoire le front haut, le cœur léger et tout prêts, si le sort les désigne comme jurés, à envoyer sans hésitation à la prison et au bagne le malheureux qui, peut-être, pour procurer un morceau de pain à ses enfants, aura altéré un billet de banque de cinq francs ou une pièce de cuivre de cinq centimes.

ᵉ*Les misérables.*

LES COMÉDIENS

La troupe ordinaire de Sa Majesté le Peuple donne en ce moment un opéra-bouffe du plus haut comique, un véritable chef-d'œuvre intitulé :

DU CALME !!!

paroles des citoyens Léon et Barthélemy, musique des citoyens X, Y et Z.

A l'orchestre, pas un seul cuivre, rien que des flûtes et des chalumeaux.

Prix des places..., un éclat de rire.

L'un des derniers drames exécutés par la même troupe et si lugubrement célèbre sous le titre de :

LE 4 SEPTEMBRE !!!

avait coûté, pour le monter, la somme énorme de cinq milliards et deux provinces payées par la France au bénéfice de messieurs les artistes et des Prussiens employés comme comparses.

C'était un peu cher.

Il est vrai, et c'est justice de le proclamer, que tous les sujets de cette troupe sont des comédiens hors ligne.

Il y a si longtemps qu'ils jouent et qu'ils nous jouent de pères en fils, qu'on aurait droit de s'étonner qu'il en fût autrement.

Aussi tout y est-il parfait dans le pire, depuis les orateurs façon Grenoble, jusqu'aux personnages muets, école Barodet.

Garibaldi y joue les héros;

Barthélemy Saint-Hilaire les pères nobles;

Naquet est le bon docteur;

Hugo le soleil, la lune et les étoiles;

Jules Favre l'homme qui pleure;

Jules Ferry l'homme qui rit;

Chœurs, doublures, souffleurs, figurants, trombones et clarinettes, grosse caisse et petites flûtes, pitres et moucheurs de chandelles, rien ne manque.

Aussi tout peut-il se jouer et se joue-t-il au théâtre de la Nation, le drame comme la pastorale, l'opéra comme la farce.

Et quel vestiaire! rien au monde n'est comparable : bonnets rouges et gros sabots, chapeaux à plumes et bottes vernies, toges d'avocats, carmagnoles, habits de ministres, de généraux et de préfets, manteaux fourrés en peaux de rats, dolmans ruisselants de broderies d'or, masques de croquemitaine et costumes enrubannés de bergers à la Watteau, flacons de parfums et bouteilles de pétrole, dynamite et poudre de riz, poignards et brosses à dents, tout un assortiment de proclamations couleur sang de bœuf et de petits discours couleur de rose, vieux couperets de guillotine ébréchés et couverts d'une rouille sanglante, chassepots de la rue des Rosiers, triques d'assommeurs, traités sur la manière de couper plusieurs têtes d'un coup, par le citoyen Saint-Just, et de prolonger l'existence, par le citoyen Raspail, musique du *Ça ira* pour la rue et de *Il pleut bergère* pour le boudoir, saucisson à l'ail des banquets démocratiques avant le combat et recettes culinaires du parfait cuisinier pour célébrer la victoire entre comédiens.

Je ne sais pas une seule friperie de juif qui soit aussi bien outillée.

Il est aussi très-vrai de dire qu'il n'y a pas de troupe au monde aussi rapidement prête à commencer la parade, quelle qu'elle soit.

Ces gens-là ont la vocation des tréteaux; un caméléon ne change pas aussi vite de couleur pour échapper à ses ennemis en prenant la teinte de la branche morte, du rocher noir ou de la feuille verte où il se cramponne, que ces types de saltimbanques ne parviennent à se grimer ou à changer de vêtement.

L'étude y est bien pour quelque chose, mais la prédisposition naturelle y est pour plus encore.

Hier vous les avez vus, le bonnet rouge au front, le poignard à la main, hurlant du haut de la tribune les cris de vive la république, mort aux tyrans; et demain vous les retrouverez les épaules couvertes du manteau sénatorial semé d'abeilles d'or, humblement courbés et prêts à se prosterner devant l'empereur qu'ils ont l'air d'adorer, et que pourtant, à la première occasion, ils se hâteront de trahir pour lutter de vitesse à qui arrivera le premier acclamer d'une voix émue le retour de Louis XVIII, se réjouir avec fracas du retour des Bourbons et joncher la terre de lis devant les pas du roi bien-aimé.

Qui ne les connaîtrait pas de longue date, s'imaginerait que réellement ils sentent ce qu'ils disent.

Oui, absolument comme Pyrrhus adore Andromaque, ou comme Othello est jaloux de Desdémona, ou comme Arlequin ne peut pas vivre sans Colombine.

La pièce finie, chacun prend son fiacre et se fait conduire à domicile, sans plus s'inquiéter de l'objet de sa passion apprise par cœur comme une leçon.

Demain peut-être, dans la pièce nouvelle, ceux qui se haïssaient s'adoreront, ceux qui s'adoraient se haïront, et s'ils jouent bien leurs rôles, les naïfs ne seront pas moins touchés de l'ardeur de leurs sentiments.

Tant pis pour ceux qui s'y laissent tromper.

Entre la politique et le théâtre il y a pourtant cette différence, tout à l'avantage des comédiens de la rampe, que, sauf quelques imbéciles, on sait fort bien qu'ils ne sont que la représentation des personnages mis en scène, et qu'ils n'aiment ou ne détestent que par procuration et à prix fixe.

Ils ne cherchent donc pas à tromper.

Les comédiens de la tribune, au contraire, ne songent qu'à faire des dupes pour les piper, qu'à se créer un parti dont ils se serviront pour arriver à une position, accrocher des honneurs, gagner de l'argent, et se moquer des niais dont ils se soucient encore moins que Pyrrhus d'Andromaque.

Le jeu qu'ils jouent, ils ne le jouent pas pour le public, mais contre le public, que leur seul but est de tromper en flattant ses plus mauvais instincts, en excitant ses passions les plus honteuses, en semant dans la société le désordre, en soulevant des tempêtes sociales dont les vagues furieuses jetteront, ils l'espèrent du moins, entre les écueils sur lesquels ils se tiennent à l'affût, quelques riches épaves dont ils pourront s'emparer.

Le malheur est que parfois ils réussissent; cela n'arrivât-il qu'une fois sur mille, suffit pour encourager leurs complices et effrayer les gens honnêtes dont la frayeur fait toute leur force.

Un moment même ces comédiens ont pu se croire maîtres de la situation; on sait ce qu'ils ont fait de leur pouvoir éphémère et ce que leur règne d'un jour a coûté d'or, de sang et de larmes à la France, et aux victimes de leur insatiable cupidité.

Alors ils jouaient le drame le plus épouvantablement sinistre qui jamais ait été joué sur la scène d'une nation en proie à l'anarchie; ils firent pis encore que ne font les bandits italiens à Rome, les brigands espagnols à Madrid et à Barcelone, les fous furieux du bonnet rouge partout où la colère divine leur jette un lambeau de pouvoir à se disputer.

Ils bourrèrent les prisons d'innocents, après en avoir fait sortir les scélérats; lâchèrent par les rues des hordes d'assassins brandissant le poignard et la torche de l'incendie; pillèrent les finances, promenèrent avec un faste insolent leurs vanités scélérates et leur triomphe insultant et funeste; couvrirent leurs épaules d'une pourpre ravivée dans le sang des otages, arborèrent comme un signal d'incendie le hideux torchon rouge au front des monuments témoins de leurs orgies et que leurs hideux séides allaient purifier par le feu.

Alors tout était tragédie, depuis leurs discours furibonds débordant d'une rage insensée, jusqu'aux sourdes détonations des canons envoyant dans le vide leurs boulets lancés au hasard par des fous furieux toujours plongés dans le double délire de l'eau-de-vie et de la rage.

Chacune de leurs paroles était alors outrage ou menace.

Heureusement Dieu eut pitié de la France qui allait périr; l'armée insultée par ces misérables les balaya, suant la peur, la baïonnette dans les reins.

Quant aux comédiens, au dedans comme au dehors, ils avaient sauté à bas de leurs planches, jeté leurs masques, dépouillé leurs oripeaux, caché leurs bonnets rouges, et s'étaient cachés.

Quelques-uns, les premiers rôles, les plus compromis, furent envoyés devant les commissions militaires et châtiés sévèrement, quoique avec bien moins de rigueur qu'ils ne le méritaient.

Les autres, leurs complices et leurs émules des provinces qui appelaient de leurs vœux la victoire du parti de l'émeute pour s'associer à ses fureurs, la voyant vaincue, applaudirent les premiers à sa défaite et, lâches jusqu'à l'ignominie, feignirent de se réjouir de ce qu'ils appelaient alors la répression du désordre.

Puis peu à peu, voyant que leurs vainqueurs usaient de leur triomphe avec une modération inattendue, ils modifièrent leur nouveau déguisement et se firent citoyens sensibles.

La comédie qu'ils jouèrent alors fut celle de l'attendrissement; ils étaient tout charité et tout amour. Un saint Vincent de Paul n'eût pas trouvé dans son cœur d'accents plus émus que ces coquins masqués; et pendant qu'ils débitaient leurs tirades humanitaires, on n'entendait à l'orchestre radical, dont les cuivres se taisaient, que les sanglots des clarinettes pleurardes exhalant en si bémol l'accompagnement plaintif du grand morceau à effet, *les Veuves et les Orphelins*.

Mais eux continuaient toujours, cherchant à retenir leurs partisans sans s'exposer au sort des chers amis dont au fond ils n'étaient peut-être pas fâchés de se voir débarrassés.

Cela se comprend : pour partager un litre d'eau-de-vie les ivrognes aiment mieux être deux que quatre, et pour un sac d'argent il en est de même des voleurs.

La longanimité du pouvoir permit peu à peu aux plus lâches de se rassurer; avec la confiance, la méchanceté leur revint, et n'ayant plus peur, ils ne songèrent plus qu'à effrayer.

Alors arriva la scène des menaces, qui éclatèrent en tempête quand sortirent de l'urne électorale des noms qui étaient un défi porté à ce que pétroleurs et groléens croyaient la complète paralysie de la partie saine du pays trahie par un pouvoir complaisant.

«Les clairons recommencèrent à sonner, la grosse caisse à résonner, les trombones éclatèrent, on renvoya les clarinettes aux aveugles assis sur les ponts.

La scène changea de décors, et les comédiens, rechaussant le cothurne et grossissant leur voix à laquelle ils s'appliquaient à donner un faux air de grondement de la foudre, montrèrent dans le lointain les navires qui revenaient de la Nouvelle-Calédonie, les nobles communards armés de torches et brandissant un étendard rouge portant en lettres fulgurantes le mot VENGEANCE.

Vengeance ! oui, l'heure en était venue ; la République radicale, appelée par le vœu du peuple, allait revenir épurer avec sa hache la société gangrenée par les modérés.

L'insulte coulait à pleins bords, la menace débordait de la coupe radicale ; on allait arracher les grilles des égouts de Versailles pour y balayer une assemblée impuissante et scélérate, pour y plonger dans la boue et l'y étouffer le cléricalisme monarchiste.

Sûrs du triomphe, les tragiques radicaux ne se donnaient même plus la peine d'épargner dans leurs discours et dans leurs journaux ce vieillard imbécile, ce myope, ce cheval de renfort qu'on appelait le Président de la République et qu'il fallait chasser à coups de fouet dès que l'on serait arrivé au haut de la côte, à ce plateau élevé où il cessait d'être utile et devenait embarrassant.

Ils étaient si certains de la victoire, ils se croyaient si assurés que personne ne songerait à leur résister, qu'ils ne pensaient plus qu'à jouir de leur triomphe ils ne se gênaient plus, messieurs les comédiens ordinaires de Sa Majesté le Peuple, et sans même s'occuper de ce que les honnêtes gens pensaient de tout cela, ils annonçaient d'avance le programme de la pièce déjà mise en répétition pour célébrer le retour de la Commune.

Si certain apparaissait le triomphe, que dans plusieurs villes des chars étaient préparés, tout drapés de rouge, pour promener la déesse Raison, facile déité qui, dans une cité du Midi bien connue par la splendeur écarlate de ses opinions, consentait volontiers pour la somme de cinq francs à cesser pendant vingt-quatre heures de décrotter les chaussures pour recevoir du haut d'un char les hommages de collègues habitués comme elle à se prosterner dans la poussière.

Ailleurs, des milliers de lanternes s'emplissaient déjà chez les patriotes, les bonnets rouges attendaient tout préparés, tout était disposé pour que rien ne manquât à l'apothéose de Marianne, et sur tous les murs on pouvait déjà lire ces mots dictés par la plus douce fraternité :

MORT AUX MONARCHISTES, MORT AUX CLÉRICAUX.

La pièce était montée, les acteurs déjà en scène n'attendaient pour commencer que les trois coups du régisseur annonçant la levée du rideau.

Les trois coups furent frappés.

Le rideau se leva; mais on n'entendit pas un son, les fanfares qui devaient éclater restèrent muettes : les acteurs avaient disparu, jonchant de leurs bonnets rouges les planches de la scène.

Comme un

Mane Tecel Pharès,

le doigt de l'Assemblée cléricale avait dessiné sur le mur de la salle du banquet, au lieu d'une béquille vermoulue, un sabre nu tenu par une main ferme.

Il n'en avait pas fallu davantage pour mettre en fuite tous les capitaines Fracasse de la montagne révolutionnaire.

Une fois de plus ils venaient de donner au monde la mesure toujours inattendue de leur insigne lâcheté.

Aujourd'hui, oh! il ne s'agit plus ni de défis, ni de menaces; tous les organes de la presse radicale ont remis leur flûte au la; plus de drames, plus de tragédie.

La plaintive élégie, en longs habits de deuil,
Suit, les cheveux épars, gémir sur un cercueil,

le cercueil des illusions radicales mortellement atteintes par un vote fatal.

Et les voici qui pleurent sur l'ingratitude de leurs concitoyens, sur le bannissement de l'homme vertueux, du grand, de l'illustre citoyen qu'ils traitaient, dans leur numéro de la veille, de vieux cheval de renfort, et qu'ils saluent maintenant des titres de père de la patrie, de génie de la France, de sauveur du genre humain, parce qu'ils voudraient, par leurs pleurs de crocodiles, soulever l'opinion publique contre un gouvernement trop honnête pour qu'ils n'aient pas tout à en craindre et rien à en espérer.

Cette colonne du temple ébranlée, que dis-je, renversée, ils se couvrent la tête de cendres et déchirent leurs habits avec des lamentations à faire pâlir celles de Jérémie.

O France ! oh ! pauvre France ! France que Danton, Robespierre, Marat, Saint-Just et les autres citoyens vertueux de 93 avaient faite si grande, si riche, si heureuse, que vas-tu devenir, tombée entre les mains des monarchistes forcenés et des sanguinaires cléricaux ?

Ingrate et imprudente patrie, tu as méconnu tes véritables amis, tu t'es laissé effrayer par les vaines terreurs du spectre rouge, fantôme décevant, fruit de l'imagination perverse de tes ennemis, et tu t'es livrée pieds et poings liés à des hommes qui ne méditent que ta ruine et triomphent de ta dégradation.

Les menaces des républicains rouges n'étaient que spirituelles espiégleries ; leur cœur est tout sucre et tout miel ; et tous ensemble, avec un touchant accord, ils chantent en chœur une pastorale à rendre jaloux tous les poëtes bucoliques, depuis le doux Virgile jusqu'au tendre Florian.

Leur poésie sentimentale coule à pleins bords à travers les riantes prairies de la fiction, comme un fleuve de lait à la guimauve, et les peintures de ces félicités pastorales ont une teinte si mélancoliquement suave que, comme dit une célèbre complainte :

> Il faudrait être endurci
> Ainsi qu'un homme fossile,
> Et avoir un cœur de rocher
> Pour ne se sentir touché.

Le *Rappel*, le *Corsaire*, tous les organes de la lutte à outrance, pour faire chorus et jouer leur rôle dans ce concert élégiaco-pastoral, ont mis des sourdines à leurs instruments criards, et, forcés de renoncer pour un temps à leurs habitudes de violences et de provocations grossières, reçoivent, l'oreille basse, le mot d'ordre du fougueux, mais encore plus prudent que fougueux, Gambetta.

Sur toute la ligne, la consigne est de pleurer. Mais pleurer uniquement, se fondre en larmes amères, outre ce que cette occupation a de monotone, aurait encore un grave inconvénient, celui de faire soupçonner que les pleurards en bonnet rouge ne sont peut-être pas aussi forts qu'ils veulent bien le dire, puisque malgré leur amour pour la France ils ne peuvent, en ce péril extrême qui la menace, faire autre chose pour elle que de mouiller consciencieusement chacun une demi-douzaine de mouchoirs de poche.

Là était le danger, le vrai danger de la situation, et messieurs les artistes de la troupe l'ont si bien compris que, coûte que coûte, ils ont voulu donner le change à l'opinion en faisant suivre la pièce sentimentale d'une pièce héroïque.

Telle a été l'origine de la nouvelle farce,

DU CALME, CITOYENS, DU CALME!

pitoyable variante du trop célèbre :

AUX ARMES CITOYENS!

L'effet de cet opéra-bouffe a été splendide; un immense éclat de rire y a répondu dans toute la France.

En voici la donnée :

« Une troupe de rats, profitant de la paralysie d'un vieux chat édenté, pillaient insolemment un grenier d'abondance; fatigué de leur audace, le propriétaire du grain dévasté s'est enfin décidé un beau matin à donner les invalides à son serviteur impotent et l'a remplacé par un autre chat plein de vigueur, ayant bon pied, bon œil, et fermement décidé à faire respecter ce qui reste des provisions que la gent rapace avait impudemment résolu de s'approprier sans en laisser un seul grain.

« A la vue du nouveau gardien, tous les pillards affolés de terreur se sont blottis au fond de leur trous, d'où rien au monde ne parviendrait à les faire sortir.

« C'est le moment que choisit le chef de la bande, non moins effrayé que le plus poltron de sa troupe, pour recommander aux voleurs de ne pas troubler l'ordre en allant s'attaquer au chat, qui n'en ferait qu'une bouchée, et leur crier : « Indomptables trem-
« bleurs, soyez généreux, ne troublez pas l'ordre pu-
« blic ! du calme ! encore du calme ! »

Oh ! la bonne plaisanterie !

Du calme ! nous savons ce que cela veut dire, citoyens radicaux, du calme ! vous pouvez vous dispenser de le recommander à votre armée d'ivrognes et de braillards ; la vue d'un bataillon disposé à réprimer l'émeute fera plus pour nous assurer la paix que vos proclamations ridicules auxquelles personne ne se laisse tromper. Du calme, nous en aurons toutes les fois que les gens honnêtes seront décidés à le faire régner et à ne pas s'effrayer des menaces d'une minorité turbulente.

Vous vous imaginez avoir l'air de faire grand et donner une haute idée de votre force en prêchant une modération que la peur vous impose ; vous ne vous faites que ridicules et vous démasquez votre faiblesse.

Vous espérez obtenir des applaudissements en vous posant sur les planches en arbitres de nos destinées ;

Pauvres comédiens que vous êtes, vous ne recueillerez que des sifflets.

LES RÉFORMATEURS

Ce n'est pas d'aujourd'hui que les gens qui ont le plus besoin d'être réformés prétendent réformer les autres, cela s'est vu de tout temps et se verra probablement tant que le monde sera monde.

Si quelqu'un en doute, qu'il ouvre les livres d'histoire, je parle des livres sérieux, et qu'il prenne l'un après l'autre par exemple tous les réformateurs du catholicisme, je veux dire ceux qui, n'ayant en aucune façon mission de s'immiscer dans le gouvernement de l'Église, ont essayé de se découper dans son royal manteau un vêtement plus conforme à la difformité de leur taille, de retrancher de sa doctrine toutes les lois auxquelles leurs ambitions ou leurs vices refusaient de se plier.

Dans tous ces fondateurs ou implanteurs des prétendues religions épurées, je défie qui que ce soit de trouver non pas un honnête homme, mais autre chose qu'un vil coquin.

C'est toujours la fable mise en action du renard qui, ayant la queue coupée, veut faire amputer celle de ses voisins, et tenez pour certain que si quelqu'un de ces zélés crie avec fureur qu'il faut retrancher quelque chose à la doctrine de l'Église, c'est que ce quelque chose le gêne ou l'humilie.

Deux grosses branches violemment arrachées à cet arbre majestueux qu'on appelle le catholicisme et qui couvre de ses rameaux tout l'univers gisent flétries sur le sol et achèvent de pourrir à ses pieds.

L'une est le schisme grec,

L'autre le schisme protestant.

Branches n'est même pas le vrai mot, c'est fagot de brindilles qu'il faudrait dire, car en tombant elles se sont brisées ainsi que se brise tout bois mort, et elles se pulvérisent chaque jour de plus en plus dans la boue, sous le pied des passants.

Quels ont été les tristes bûcherons qui, au nom de la réforme, ont porté la cognée sacrilége dans l'arbre sacré du catholicisme sous le faux prétexte de l'élaguer.

Pour le schisme grec, deux noms de réformateurs à peine ont surnagé sur les flots de l'oubli qui a submergé tous les autres.

Le premier est celui de Michel Cerularius, le second

de Photius, celui-là courtisan débauché, celui-ci savant orgueilleux et ambitieux.

Sous prétexte de réformer l'Église, ils prétendirent lui retrancher, l'un la loi de la chasteté à laquelle ses vices immondes refusaient d'obéir, l'autre la loi de l'humble obéissance contre laquelle se cabrait son colossal orgueil blessé par le frein de la discipline.

Tous deux eurent des imitateurs qui appliquèrent à leur réforme la réforme dont les premiers ils avaient donné l'exemple, et Pierre le Grand, qu'il serait plus juste d'appeler Pierre le Cruel, ne voulant pas plus dépendre d'un patriarche de Constantinople que le patriarche ne voulait dépendre du pape, prit sa hache de charpentier, cette même hache avec laquelle il faisait tomber de sa propre main quatre-vingts têtes de boyards coupables de n'avoir pas voulu sacrifier leurs longues barbes à ses exigences, et d'un seul coup porté sur la branche tombée il coupa le schisme grec en deux tronçons, s'adjugea le plus gros et se fit pape de l'Église russe.

Que ceux qui veulent se faire une idée de l'abjection dans laquelle peut tomber un clergé réformé par un révolté et un tyran interrogent les voyageurs sur le mépris que les Grecs et les Russes professent pour leurs popes et sur l'état de dégradation morale dans lequel est plongé ce clergé esclave, forcé d'obéir avec la plus ignominieuse servilité aux caprices de ses nouveaux maîtres.

Les prétendus réformateurs protestants ne valurent pas davantage.

Pour ramener l'Église à l'état de pureté primitive, Luther, ce moine débauché qui, sous le titre de *Propos de table*, a légué à la postérité deux volumes de propos orduriers, ce saint homme, que ses contemporains surnommèrent le Porc saxon, épousa une religieuse enlevée à son couvent, autorisa bassement la bigamie de l'électeur de Bavière, se fit le courtisan de tous les pouvoirs qu'il redoutait, passa sa vie à insulter ses ennemis, à boire, à blasphémer, sacrifia dans toutes les occasions les faibles aux forts, souleva le peuple contre les seigneurs, puis, quand la populace eut été vaincue, fit volte-face contre elle, excitant le vainqueur à frapper du glaive ou du bâton ces manants qu'il faut nourrir de foin et de coups, inventa une prière pour demander la damnation de ceux qui osaient penser autrement que lui et donna au monde l'exemple de tous les vices les plus violents et les plus abjects.

Tel fut le pieux fondateur du protestantisme en Allemagne.

Moins libidineux peut-être, mais cependant chassé pour cause d'inconduite de sa cure de Noyon, le mauvais prêtre Calvin, au nom de la liberté de conscience, se fit persécuteur et tyran; doué d'un orgueil incomparable, férocement altéré de pouvoir, cet homme, qui refusait obéissance au pape, prétendit se faire obéir servilement dans ses moindres caprices. Genève délivrée de ce qu'on appelait la tyrannie papale, se vit enguirlander de gibets pour y suspendre *ceux qui auraient mal parlé de Monsieur Calvin*, et le malheureux Servet, un protestant, fut brûlé par les ordres de ce doux apôtre de la mansuétude pour s'être permis de réfuter certains points de la doctrine imposée par le partisan fougueux de la liberté d'interprétation.

L'Angleterre se vit évangéliser de la même manière ; ses apôtres furent Henri VIII, un monstre de corruption, une sorte de Néron doublé de Vitellius, qui ne se complaisait que dans le sang et l'ordure et s'amusait à faire rouler sous la hache du bourreau la tête de ses femmes d'un jour ; puis la douce Élisabeth, cette femme sans cœur, laide d'âme comme de visage, coquette et prude, cruelle, vindicative et jalouse, un monstre d'hypocrisie affichant la tolérance en ordonnant le massacre, et parlant de philosophie humanitaire en signant, de son écriture sèche et anguleuse comme sa personne, des lettres de félicitations à ces soldats-bourreaux qui en Irlande ouvraient le ventre des catholiques prisonniers, et de ces cadavres sanglants faisaient des auges dans lesquelles ils s'amusaient à faire manger l'avoine à leurs chevaux ;

« Puis encore Cromwel, le protecteur, dont le nom est synonyme de cruauté, soudard tartufe qui fit couler le sang par torrents et étonna le monde par l'excès de ses cruautés.

En Suède le protestantisme né s'implanta pas autrement, Gustave Vasa l'établit par la force des armes et par le bras du bourreau.

Nous n'avons pas à parler du mahométisme, vaisseau pourri qui, immobile en Europe, sur les eaux du Bosphore, s'enfonce peu à peu et aurait déjà sombré si n'était la jalousie des puissances rivales qui le soutient encore à la surface de l'eau.

On sait par qui cette autre réforme fut prêchée, comment elle fut propagée, comment elle menaça un moment de plonger le monde dans l'abrutissement et de le courber sous le despotisme du cimetère oriental.

Aujourd'hui de l'arbre du catholicisme il ne tombe plus de grosses branches, à peine s'en détache-t-il quelques rameaux desséchés et flétris par le ver rongeur de l'incrédulité et de l'indifférence.

Plus ridicules que dangereuses, ces sectes, aussi infimes que microscopiques, ont beau, sur les tréteaux de la presse irréligieuse, battre la grosse caisse de la réclame et faire afficher sur les murs de leurs baraques à exhibition que l'Église française distribue gratis ses sacrements et au besoin les porte à domicile ; que les Vieux catholiques (ces gens-là naissent en perruque blanche pour se donner un air respectable) se réuniront pour entendre l'éloquente parole de Loyson, qui pour eux remplace l'Esprit saint ; la foule passe indifférente, sans même se soucier de lever les épaules. Et les nouveaux apôtres du nouvel évangile en sont pour leurs frais de réclame dans les journaux hostiles à la religion et toujours empressés à recueillir dans leurs faits-divers, entre un procès en adultère et une rixe entre deux citoyens, le scandale donné par un prêtre tombé du haut de la chaire de vérité dans le marais fangeux de l'erreur.

Celui qui s'exalte sera humilié, a dit l'Esprit saint, et conformément à sa parole éternellement vraie, l'orgueil est puni par le mépris.

Dans le domaine de la politique les chutes sont moins terribles que dans celui de la foi, quoique, à dire vrai, elles aient le plus souvent la même origine, l'énormité de l'orgueil et l'insatiabilité de l'ambition ; mais malheureusement elles s'accompagnent le plus ordinairement, en sorte qu'il est bien rare qu'on rencontre dans le camp des révolutionnaires un homme qui, ne rendant pas à César ce qui est dû à César, consente à rendre à Dieu ce qui est dû à Dieu.

Des mêmes causes il ne peut résulter que les mêmes effets.

De là, chez les uns comme chez les autres, la même tartuferie d'amour de la liberté et de l'indépendance pour tous, afin d'arriver à asseoir une tyrannie mille fois plus insupportable que celle contre laquelle on a soulevé les passions.

Entreprendre de réformer un peuple n'est pas l'œuvre d'un esprit vulgaire, et la première condition de cette œuvre veut le désintéressement poussé jusqu'à ses dernières limites, l'abnégation la plus héroïque.

Pour réformer efficacement, pour arrêter une nation emportée par le courant des mauvaises passions, il faut non-seulement donner l'exemple de la vertu, mais se jeter à la bride de l'attelage indompté, s'y suspendre au risque d'être mille fois brisé et, quoique grièvement meurtri, ne pas lâcher prise jusqu'à ce que le char s'arrête au bord du précipice béant.

Mais il est plus facile, au lieu de combattre poitrine contre poitrine contre l'esprit mauvais, de l'exciter du geste et de la voix en se laissant traîner à sa remorque, de se concilier les faveurs en flattant les passions populaires, de les attiser au lieu de les éteindre, de s'insinuer traîtreusement au pouvoir sous le déguisement d'un soldat de l'indépendance, que de s'exposer à la haine ou tout au moins s'exposer à l'indifférence publique en combattant franchement, loyalement, visière haute et blason peint sur son bouclier.

S'intituler l'ami du peuple, qu'est-ce que cela signifie? se poser en réformateur de la société, où cela conduit-il?

J'en ai connu beaucoup des amis du peuple.

Rien n'est si commun que le nom,
Rien n'est si rare que la chose,

a dit le poëte.

Car l'amitié qui, sous prétexte de servir autrui, ne cherche qu'à se servir elle-même, n'est plus une vertu, mais un métier et souvent un métier infâme, l'égoïsme le plus monstrueux.

Oh ! si pour moraliser une nation il suffisait, au lendemain d'une défaite, de lui crier :

Élève ton cœur, sois austère !

Ce serait par trop commode; il ne serait pas même nécessaire pour cela d'avoir fait son droit à Cahors ou ailleurs et de s'appeler Léon Gambetta.

Les grands mots dont alors les ambitieux emplissent leur bouche ne sont que vaines déclamations, que dérisoires effets de théâtre.

Lorsque Rigaud et Ferré envoyaient les otages à la mort, c'était au nom de la liberté, et cependant ils ne le faisaient que par amour de la tyrannie. Dans toutes les époques il en a été de même.

Marat, cette vessie gonflée de fiel et de poison, qui pour flatter la populace affectait une mise sordide, n'aspirait qu'à la commander, et pour avoir des sujets dignes de lui réclamait avec de sauvages hurlements les têtes de tous les gens de bien.

Robespierre, cet hypocrite pédant à l'âme pétrie de boue, cet utopiste du crime, miellleusement féroce, jouant à la sensiblerie et plus froid que le couteau de la guillotine, mettait en coupe réglée la société tout entière au profit de son monstrueux égoïsme et d'une vanité hideuse.

Saint-Just, cet infirme furieux qui jouait au grand seigneur, avait des laquais, composait des romances langoureuses et ne mangeait que du pain de fine fleur de froment exclusivement composé pour lui, alors qu'il faisait décréter que personne en France ne pourrait manger que du pain noir, et qu'il dressait au nom de l'égalité des listes de proscription.

Tous ces scélérats vulgaires, qui ne durent leur sanglante célébrité qu'au nombre et à l'horreur de leurs assassinats, se posaient en réformateurs et prétendaient couvrir tous leurs crimes du voile du patriotisme.

Il n'y a que quelques semaines, nous avons assisté à la même sanglante et ignoble comédie. Et pendant quelques mois Paris a tremblé sous le despotisme d'une poignée de bandits du bonnet rouge, fous furieux dont la biographie surpassa en horreur celle des plus grands scélérats.

Et pourtant eux aussi ils prétendaient réformer la société, c'est-à-dire l'enchaîner, l'asservir, l'obliger à se courber sous leur despotisme, à assouvir leurs brutales passions.

Assi l'assassin était un évadé du bagne.

Rigaud sortait des mauvais lieux.

Pyat était professeur d'assassinat.

Rochefort enseignait le pillage et vivait de calomnies.

Vermesch, Maroteau, d'autres coquins pétris de boue se servaient de la plume comme un bandit de son poignard.

Delécluze avait les mœurs d'une hyène cherchant des cadavres.

Flourens, rendu fou furieux par la vanité, n'avait droit qu'à la camisole de force.

A quoi bon continuer cette liste lugubre ?

Paris sait ce que valaient et ce que volaient ces réformateurs sortis de l'égout ; comme Sardanapale, ils voulurent s'ensevelir dans l'incendie, au milieu d'une dernière orgie, sous les voûtes d'un palais ; mais ils n'eurent même pas ce triste courage, et vulgaires incendiaires pris à la gorge par la lâcheté, ils s'enfuirent, laissant à l'armée le soin d'éteindre les flammes allumées par leur fureur aux quatre points de la capitale victime de leurs forfaits.

Ceux-ci ont disparu, emportés par la tempête qu'ils avaient déchaînée ; mais une nouvelle couche de combattants de l'émeute se prépare, dit-on, pour soutenir de nouveaux réformateurs, qui déjà posent leur candidature à l'apostolat du mal par leurs moyens ordinaires, la corruption, le mensonge et la flatterie.

Qui pourrait s'en étonner?

Les faux réformateurs ont toujours procédé ainsi. En agissant de la sorte ils ne font qu'accomplir la première partie de leur programme, ils préparent le sol pour y semer l'ivraie.

Ils sont infâmes et ils font leur métier honteux.

C'est aux gens honnêtes à se tenir sur leurs gardes et à veiller. Les bêtes féroces ne sont pas mortes, mais la peur les tient en cage ; que les prétendus réformateurs leur ouvrent les portes et elles s'élanceront plus furieuses que jamais.

Le moment est critique.

Que les consuls veillent ! *Caveant Consules !*

LÉCHEURS ET MORDEURS

Il y a de cela quelques mois, il me tomba entre les mains une caricature anglaise assez bien réussie, représentant en pochade, hardiment crayonnée, un chien à longs poils qui, suivant le côté par lequel on prenait le dessin pour le regarder, semblait ou humblement ramper, léchant la botte qui venait de le châtier, ou hargneux, le poil hérissé, l'œil féroce et les crocs menaçants, se disposant à s'élancer sur un pauvre infirme pour le déchirer à belles dents.

De peur sans doute de n'être pas compris, le dessinateur avait écrit au crayon ces simples mots :

LÉCHEUR ET MORDEUR!

Peu de temps après, je retrouvai à la vitrine d'un marchand d'estampes du boulevard, non pas une copie, mais une traduction libre de l'idée anglaise, transportée de l'idée simplement morale à l'idée politique.

Le personnage à double physionomie était en effet, non plus un chien vulgaire, mais un voyou en blouse, pâle, grêle, obséquieux, courbant sa longue et maigre échine comme pour baiser une botte éperonnée sur laquelle on lisait :

POUVOIR.

Si l'on retournait la feuille, le même voyou se redressait avec une insolence haineuse, d'une main tenant une grosse pierre et de l'autre menaçant avec le poing une frêle jeune femme amaigrie par les veilles et les austérités, portant le costume de Saint-Vincent-de-Paul et sortant d'une maison sur laquelle était écrit :

HOPITAL DE LA CHARITÉ.

Ceci n'était plus une caricature, c'était la nature prise sur le fait, le portrait au vif du moins laid de ces lâches insolents qui font métier tour à tour de mordre ou de lécher et passent leur vie à osciller entre la férocité et la peur, l'orgueil et l'aplatissement.

Dans cette tourbe ignoble, tout est gueule pour brailler et boire, pour hurler : vive Rochefort ! vive la rouge ! vive la canaille ! ou : mort aux prêtres ! à bas les honnêtes gens ! et mains crasseuses servant tour à tour de battoirs pour applaudir à toutes les infamies débitées par les orateurs, assommer à cinquante contre un les soldats désarmés, jeter à l'eau un sergent de ville, assassiner un otage, brûler un palais, renverser une colonne ou porter en triomphe Jules Favre ou Gambetta, Victor Hugo, le grand proscrit, et tous ces illustres flatteurs de la démocratie qui payent en phrases pompeuses et en flagorneries puantes la sainte populace, le peuple sublime, l'héroïque voyou, le lion généreux et invincible toujours prêt à rugir.

Cette armée du désordre vit dans la paresse et la débauche, ne connaissant d'autre atelier que le cabaret, d'autre occupation que le vol ou l'émeute.

Dans les temps calmes et alors que le pouvoir est aux mains des gens honnêtes, si ce pouvoir est ferme, elle disparaît, elle se cache et borne ses expéditions à détrousser quelque passant attardé, à forcer nuitamment une porte, à dévaliser un comptoir ou une devanture.

On dirait que tous ces gredins n'existent plus ; ils pullulent cependant encore, mais la peur produit le même effet sur eux que le froid sur les insectes venimeux ou dégoûtants, elle les paralyse.

Vienne le jour où le gouvernement faiblira et fera de ces concessions qui sont le prélude des révolutions, et vous les verrez des caves et des égouts monter en foule à la rue.

En tous temps l'opposition sait où les trouver; ce sont ses hommes, ses séides, au besoin elle leur paye à boire, elle les grise, elle les soûle et ils se font tuer derrière une barricade, ou encaquer dans les soutes d'un ponton et exporter par delà l'Océan pour le triomphe de l'idée.

Or l'idée consiste à les exploiter au profit de quelques douzaines d'ambitieux égoïstes pour qui la radicaille est un troupeau de moutons enragés qu'ils savent tondre au ras de la peau et, le cas échéant, pousser à coups de proclamations à la boucherie.

Beaucoup y laissent non-seulement leur toison qui ne vaut pas grand'chose, mais leur peau qui ne vaut pas plus. Les hommes de l'idée ne s'en montrent pas plus désespérés, ils comptent avec raison sur les nouvelles couches sociales pour fournir de nouveaux moutons à la consommation.

Au fait, qu'est-ce que cela leur coûte? la graine des ivrognes n'est pas rare et ils en trouveront toujours assez à griser quand l'occasion s'en présentera.

D'ailleurs le vin n'est pas cher, et les hurleurs toujours à demi pleins, quelques litres de plus feront l'affaire et eux de bonne besogne.

Dans leur spécialité ce sont d'excellents ouvriers.

Qui les a vus à l'œuvre connaît la force de leurs poumons et l'infatigabilité de leur claque. A l'occasion ils ne se refusent même pas à se faire bêtes de somme, soit pour traîner le fiacre d'une de eurs illustrations, soit même pour la porter à bras tendus et la promener sur leur échine comme sur un pavois.

Rochefort, ce républicain farouche qui dernièrement a obtenu à force de sollicitations de légitimer ses bâtards pour leur transmettre sa couronne de marquis et ses armoiries qu'au temps où la vraie noblesse était une puissance le bourreau eût accrochées au pilori en signe de dégradation, ne trouvait à cet attelage de bandits et d'idiots que le défaut de sentir mauvais et d'avoir le trot dur.

Au bout de chaque promenade il se pâmait comme une petite maîtresse ; il fallait lui faire respirer des sels, il changeait de linge et courait au bois.

C'était flatteur pour le peuple sublime ; mais l'idole payait à boire et promettait des maisons à piller et des couvents à enfoncer. En faveur de ces services les lécheurs lui pardonnaient ses faiblesses et passaient la nuit à hurler sous ses fenêtres : vive Rochefort!! avec la même constance qu'un chien affamé aboie devant la porte d'un charcutier pour se faire jeter un os.

Victor Hugo, le démocrate soleil, qui pourtant eut un jour la faiblesse de se faire nommer baron par le roi bourgeois Louis-Philippe, se faisait des rentes de ses flatteries au peuple héroïque et battait monnaie à ses dépens avec ses *Misérables* et ses *Travailleurs de la Mer*, comme le comte Henri avec sa *Lanterne*.

Car dans cette armée que ses chefs payent en fausse monnaie de compliments, les soldats ont l'habitude d'entretenir leurs généraux, de payer leurs dépenses, de fournir à leur luxe, de leur procurer chevaux, voitures, laquais et le reste, sans s'en douter il est vrai, mais avec une naïveté bien digne de l'étroitesse de leur cerveau.

Il est vrai que leur enthousiasme dure peu et, comme le disait le marquis de Mirabeau, une de ces idoles qu'après l'avoir portée en triomphe les lécheurs devenus mordeurs voulaient traîner à l'égout : il n'y a pas loin du Capitole à la roche Tarpéienne.

Cela se voit tous les jours, et si le peuple se pique d'héroïsme il ne se targue pas de constance.

C'est un fou maniaque qui, sans courber le front, brise ce qu'il a adoré et adore ce qu'il a brisé.

Quand la tête de Robespierre tomba sous le couteau de la guillotine dont il avait été le plus sinistre pourvoyeur, ce fut la même multitude qui avait hurlé de joie à l'assassinat du roi martyr qui fit entendre ses imprécations contre le tribun vaincu.

Dans leur amour pour le sang, sans-culottes et tricoteuses applaudissaient surtout au couperet sans regarder quelle tête tombait de la bascule dans le panier. Que leur importait que cette tête fût celle du roi Louis le juste, ou de Marie-Antoinette, de madame Roland la républicaine, du fougueux Camille Desmoulin, du féroce Danton, de Saint-Just ou de l'ivrogne Henriot ? la fade et chaude vapeur du sang leur suffisait, et comme cet aveugle en bonnet rouge qui, ne pouvant pas voir, se faisait conduire au pied de l'échafaud pour entendre le bruit sourd de l'instrument, ils vociféraient :

Vive la guillotine !!!

Que les animaux féroces enfermés dans les cages de fer d'une ménagerie rugissent en se pourléchant, quand à l'heure du repas les valets agitent, au bout de leurs fourches de fer, de lourds morceaux de viande, cela n'a rien d'étonnant, ils ont faim et ne songent qu'à dévorer ; mais que dans un seul but de cupidité effrénée, d'ambition insatiable, de lâcheté ignominieuse, les fabricants de révolutions, obéissant aux inspirations de l'égoïsme ou de la peur, donnent à la foule, stupide et méchante, le signal d'applaudissements ou d'injures également immérités, voilà ce qui ne s'explique que par la profondeur de l'abîme d'ignominie dans lequel se laissent rouler certaines ambitions que rien n'arrête et qui, à défaut de conscience, n'ont pas même conservé le sentiment de la plus vulgaire pudeur.

Avocats ou journalistes, débris de généraux ou de préfets du 4 septembre, ces pieds-plats de la courtisanerie et ces paladins de l'insolence sans danger sont mille fois plus méprisables que les brutes inconscientes qu'il font agir.

« A genoux devant l'empire tant que l'empire fut une force qu'ils craignaient, un pouvoir qui distribuait places, argent, honneurs et décorations, ils firent fumer devant lui tous les encensoirs de la flatterie la plus flagorneuse, célébrèrent en style épique ses plus minces triomphes, tressèrent de leurs mains la couronne laurée du dernier des Césars et préparèrent avec un enthousiasme délirant le grand triomphe du plébiscite rédempteur.

Mais au 4 septembre, quand Napoléon fut tombé sous les premiers revers de cette guerre à laquelle plus que tous autres ils l'avaient poussé, lui répétant qu'il était invincible, ils se précipitèrent sur l'idole tombée, l'injure à la bouche et achevant de la briser avec leurs encensoirs devenus des massues.

Le lendemain les retrouva rampants devant la majesté populaire, baisant ses sabots boueux et attachant au bonnet rouge de la Marianne les rayons d'or forgés pour l'auréole impériale.

La Commune put croire qu'ils étaient de ses amis, mais un autre pouvoir s'étant dressé contre elle et la guerre ayant commencé, ils attendirent prudemment l'issue de la lutte avant que d'allumer de nouveau leurs encensoirs.

Forcés dans leur repaire, les scélérats de la

Commune furent écrasés ; alors les courtisans de la fortune leur lancèrent quelques ruades, et faisant volte-face, se précipitèrent aux pieds de M. Thiers qu'ils proclamèrent le sauveur du monde, le bienfaiteur de l'humanité, le génie de la France.

Alors l'Adolphisme fit place à l'impérialisme, tout fut parfait, divin, chez l'heureux bourgeois devenu roi, et dans l'excès de leur adulation, les lécheurs de la presse, ayant épuisé toutes les hyperboles de la louange, embouchèrent la trompette pour annoncer au monde que M. Thiers était un général hors ligne, un chimiste extraordinaire, que personne ne jouait de la flûte comme lui, qu'il était un cavalier accompli ; il ne leur restait plus qu'à parler de ses talents culinaires ou de son agilité comme clown, quand, à force de s'appuyer sur les radicaux, le sauveur finit par persuader à leurs amis que lui-même branlait au manche et qu'il allait avoir pour successeur le dauphin Gambetta.

Il n'en fallut pas davantage pour que le génie devînt aussitôt une médiocrité indigne de la position qu'il occupait.

Aussitôt les coups de dents succédèrent aux coups d'encensoirs, dès lors Adolphe le Grand ne fut plus qu'un myope, un cheval de renfort, un comparse ridicule, une sorte de fantoche, un niais se prenant au sérieux, un vieillard tombé en enfance.

Dieu sait où ils en seraient arrivés en s'acharnant

sur le président, si tout à coup ils ne s'étaient aperçus que sans lui ils n'étaient rien, mais qu'avec lui ils pouvaient être tout : alors, ce fut une nouvelle coalition, tous les chevaliers de la lécherie coururent à la botte aux parfums, le cheval de réforme redevenu l'homme nécessaire fut enfumé comme un jambon de Mayence et, l'odeur lui faisant perdre la tête, s'enfla si bien de vanité qu'il en creva.

Lécheurs et mordeurs sont aujourd'hui désorientés ; les plus alertes ont déjà repris devant son successeur la position des ambassadeurs siamois rampant sur leurs coudes ; les autres, ne sachant que faire, pleurent faute de mieux et parlent de reconnaissance ou d'ingratitude ; ils sont prudents et consultent le vent, mais, soyez-en certains, ils retrouveront bientôt leur voie. Leur penchant les porte à aduler la canaille et à mordre les gens de bien, à acclamer Garibaldi et à insulter les pèlerins de Lourdes ; si cependant il leur était démontré qu'il y aurait profit à prendre le contre-pied de ce qu'ils ont fait jusqu'ici, ne vous étonnez pas de les voir louer les gens de bien et flageller la canaille. Ce serait dur, mais ils s'y résigneraient de bonne grâce, car pour eux la conscience c'est l'intérêt, et leur seule étoile polaire sera toujours l'étoile de la fortune.

TABLE DES MATIÈRES

Les Pétroleurs	1
Les Ramasseur d'ordures	17
Les Mendiants de popularité	25
Les Gratteurs de pourceaux	35
Les Faiseuses d'anges et les Faiseurs de démons	47
Les Crieurs de mourons	57
Les Chasseurs de cadavres	69
Vieux habits, vieux galons	81
Les Gargotiers du Lapin-Rouge	111
Moustiques en été, punaises en hiver	131
Les Avaleurs de crapauds	141
Les Crocodiles sensibles	153
Les Faiseurs d'idoles à l'usage des imbéciles	165
Les Chevaliers du coup de pied	213
Les Aiguiseurs de couperet	225
Les Faux monnayeurs de l'histoire	233
Les Comédiens	245
Les Réformateurs	265
Lécheurs et mordeurs	277

www.ingramcontent.com/pod-product-compliance
Lightning Source LLC
Chambersburg PA
CBHW070745170426
43200CB00007B/662